DER BAUERNKRIEG IN
BADEN-WÜRTTEMBERG

ULRICH MAIER

DER BAUERNKRIEG IN BADEN-WÜRTTEMBERG

Die beeindruckende Geschichte
der Revolution von 1525

SILBERBURG

INHALT

Bauernkriegsszene beim Weingartener Welfenfest.

Bauernhaufen
Schäftersheim

V. Hohenlohe, Franken 78

VI. Die niedergeworfene Revolution 102

Schäftersheimer Bauernhaufen.

VORWORT

Brennende Klöster, Burgen und Schlösser, grausame Hinrichtungen auf beiden Seiten, Zigtausend Tote auf den Schlachtfeldern prägen die Erinnerung an den Bauernkrieg. Doch das ist nur die eine Seite der Medaille. Denn die Forderungen der Bauern orientieren sich an der Heiligen Schrift. Sie wollen frei sein und nach dem Evangelium leben dürfen. Sie fordern Menschenrechte, Rechtsstaatlichkeit und Sicherheit vor Willkür, Grundwerte unserer heutigen Demokratie.

Die alte Welt ist aus den Fugen. Überall in Deutschland wettert man auf den Papst, auf die Bischöfe, die ein weltliches Leben führen, ihre Einkünfte verprassen und sich wie Fürsten gebärden, auf die Priester, die Gottes Wort leugnen in ihren Worten und Taten, auf den Kaiser im fernen Spanien, der sich um deutsche Verhältnisse nicht zu kümmern scheint. Auf die Landesherren, die sich um althergebrachtes Recht nicht scheren. In den Reichsstädten beginnt sich dagegen das wahre Evangelium durchzusetzen. Prediger verkünden in den Kirchen Gottes Wort – in der Sprache des Volkes, die jeder versteht. Nun soll das Evangelium notfalls auch gegen den Willen der Fürsten durchgesetzt werden.

Eine Revolution breitet sich aus, in Schwaben, in Franken, in Thüringen, Sachsen, schließlich auch in den Alpenländern. Bauern, Kleinbürger, aber auch Geistliche, Bürger und Adelige schließen sich der Bewegung an. Unter ihren Führern befinden sich Reichsritter wie Florian Geyer und Götz von Berlichingen, Pfarrer, Bürgersöhne aus Patrizierfamilien, Beamte, Juristen und bekannte Künstler wie Jörg Ratgeb aus Schwäbisch Gmünd. Kaum eine Region in Baden-Württemberg ist nicht davon betroffen. Frei sein wie die Schweizer, fordern die Bauern am Hochrhein und im Hegau. Das schwäbische Rottweil, eine mächtige Reichsstadt, ist sogar drauf und dran, sich der Schweizer Eidgenossenschaft anzuschließen. In Württemberg ist die Lage besonders labil. Das Land ist seit 1519 von den Habsburgern besetzt und Herzog Ulrich vertrieben. Wenn ihm die Bauern zur Rückkehr verhelfen, will er die Reformation einführen und Forderungen der Bauern erfüllen. Ziel der sich ausbreitenden Revolution ist, dass die adeligen und geistlichen Herren der evangelischen Bewegung beitreten, wie die Grafen von Wertheim, von Hohenlohe oder Löwenstein, schließlich sogar das Erzbistum Mainz – wenn auch gezwungenermaßen. Nicht nur eine Reformation in Glaubensdingen soll erkämpft werden, sondern eine neue politische Ordnung. Doch der Schwäbische Bund, zu dem sich die südwestdeutschen Landesherrschaften zusammengeschlossen haben, rüstet auf, um dem für sie gefährlichen Treiben ein Ende zu setzen.

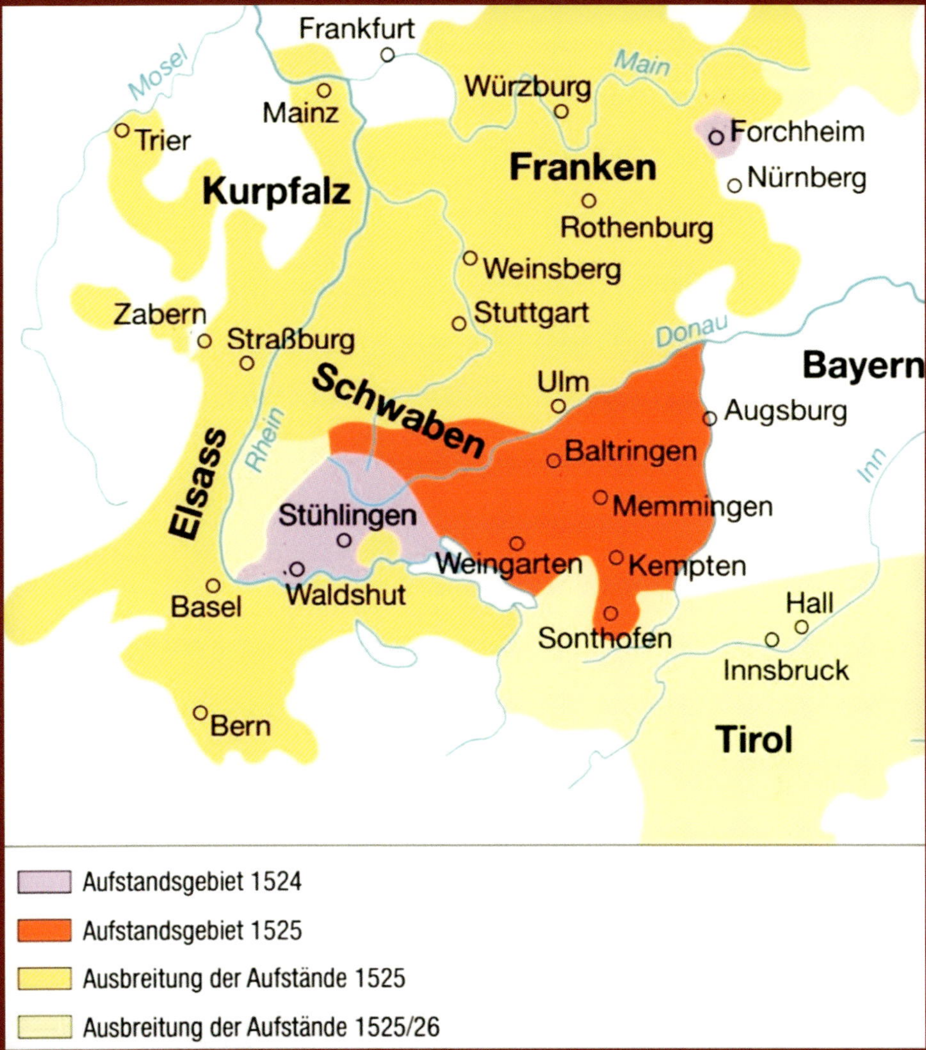
Frankfurt
Mosel
Main
Mainz
Würzburg
Trier
Forchheim
Franken
Nürnberg
Kurpfalz
Rothenburg
Weinsberg
Zabern
Stuttgart
Straßburg
Donau
Bayern
Schwaben
Ulm
Augsburg
Elsass
Rhein
Baltringen
Inn
Memmingen
Stühlingen
Weingarten
Kempten
Basel
Waldshut
Hall
Sonthofen
Innsbruck
Bern
Tirol
Aufstandsgebiet 1524
Aufstandsgebiet 1525
Ausbreitung der Aufstände 1525
Ausbreitung der Aufstände 1525/26

Bundschuhfahne im Pflaster vor dem Schwabentor in Freiburg.

I. VOR DEM GROSSEN KRIEG

Der Pauker von Niklashausen

Mit einem Paukenschlag beginnt die Vorgeschichte des Bauernkriegs. Im Frühjahr 1476 schart der Viehhirte und Dorfmusikant Hans Böhm in der Taubertalgemeinde Niklashausen Zehntausende um sich. Im Namen der heiligen Jungfrau Maria wettert er gegen Kaiser, Papst, Fürsten und Pfaffen.

Kurz nach Fasnacht sei ihm Maria erschienen, nachts, als er nicht weit von seiner Herde in einer Höhle Schutz gesucht hat. Da habe sie zu ihm gesprochen. Er soll sich zur Kirche nach Niklashausen aufmachen und verkünden, dass alle, die dort vor Mariens Gnadenbild reuig ihre Sünden bekennen, einen vollständigen Ablass erhalten. Vor den staunenden Menschen verbrennt er seine Pauke und beginnt zu predigen. Innerhalb weniger Wochen entwickelt sich eine Massenbewegung. Frauen und Männer, Jung und Alt strömen zu Tausenden nach Niklashausen, um den heiligen Jüngling, wie sie ihn nennen, zu hören. Sie kommen aus dem Taubertal, vom Odenwald, vom Maintal, vom Kocher und vom Neckar, wie der Chronist Lorenz Fries schreibt, ein gebürtiger Mergentheimer.

Von allem Luxus müssten sie sich lösen, fordert Böhm seine Zuhörer auf. Schmuck, falsche Zöpfe, Kleidungsstücke landen auf dem Scheiterhaufen. Kaiser und Papst seien Bösewichter. *Wenn die Fürsten, geistlich und weltlich, auch Grafen und Ritter so viel hätten wie der gemeine Mann, so hätten wir alle gleich genug. Item es kommt dazu, dass die Fürsten und Herrn noch um einen Taglohn müssen arbeiten.* Die Wallfahrer sind begeistert. Auf dem Rückweg singen sie: *Wir wollen es dem Himmel klagen! Kyrie Eleison! Dass wir die Pfaffen nicht zu Tod sollen schlagen! Kyrie Eleison.*

Da beschließen der Bischof von Würzburg und der Erzbischof von Mainz, die außer Rand und Band geratene Wallfahrt nach Niklashausen zu beenden. Der Würzburger Bischof schickt 34 Reiter nach Niklashausen, die Böhm in der Nacht zum 13. Juli verhaften und auf die Festung Marienberg bringen. Am nächsten Tag ziehen 16 000 Wallfahrer in einer Prozession mit großen, brennenden Votivkerzen nach Würzburg – ohne Waffen, aber Kirchenlieder singend und betend, um seine Freilassung zu erwirken. Der Bischof empfängt sie mit Kanonenschüssen und schickt seine Reiterei den Festungsberg hinunter, um die Menge aufzulösen. In Panik fliehen die Wallfahrer. In aller Eile wird Böhm der Prozess gemacht. Am 19. Juli wird er bei lebendigem Leib auf einem Scheiterhaufen verbrannt. Er soll bis zuletzt mit heller Stimme Marienlieder gesungen haben, wie sich die Leute erzählen.

Holzschnitt von Rudolf Schiestl (1878–1931).

Joß Fritz aus Untergrombach

Friedrich Engels hat ihn als *Musterkonspirateur* bezeichnet. Unter den Bauernführern ist er sicher der beharrlichste. Fast 25 Jahre hat er gegen Ausbeutung und Unterdrückung gekämpft. Begonnen hat er damit 1501 in seiner Heimatgemeinde Untergrombach. Später taucht er am Bodensee auf, in Oberschwaben, im Breisgau und schließlich im Schwarzwald. Seinen Verfolgern entkommt er immer.

Um das Jahr 1470 ist der Sohn Leibeigener in Untergrombach bei Bruchsal geboren. Als Landsknecht zieht er in jungen Jahren in die Welt hinaus. 1501 ist er zurück in der Heimat. Das Dorf gehört dem Bischof von Speyer, der seinen aufwendigen Lebensstil mit immer höheren Abgaben finanziert. Dagegen begründet Joß Fritz eine *Bundschuhbewegung*, wie es sie davor schon im Elsass gegeben hat. Der Bundschuh gilt als Symbol des Bauern im Gegensatz zu den feinen Stiefeln der Adeligen. Im Herbst des Jahres 1501 hat er fast alle Untergrombacher hinter sich. Über die Hälfte der Einwohner Bruchsals schließen sich ihm an. Bis nach Pforzheim und Speyer breitet sich die Verschwörung aus. Joß Fritz geht vorsichtig vor, gibt eine Losung aus: *Gott grüß dich Gsell, was ist dir für ein Wesen?* Der Eingeweihte muss antworten: *Wir mögen vor Pfaffen und Adel nit genesen.* Wer Mitglied im Bund werden will, muss knieend fünf Vaterunser und fünf Ave Maria beten – im Gedächtnis an die fünf Wunden Christi. Geschickt verbindet Joß Fritz politische und religiöse Motive. Schließlich lässt er eine Fahne malen. Auf der einen Seite zeigt sie ein weißes Kreuz und einen Bundschuh, auf der anderen Seite auf weißem Grund die Wappen von Kaiser und Papst, ein Kruzifix mit einem knieenden Bauern und die Inschrift: *Herr, steh deiner göttlichen Gerechtigkeit bei.*

Um die 20 000 Anhänger, darunter 500 ehemalige Landsknechte und 400 Frauen, soll Fritz zuletzt gehabt haben. Ihre Ziele? Nur Kaiser und Papst sollen herrschen, die Landesobrigkeit soll abgeschafft, das Kirchengut aufgehoben, die Leibeigenschaft beendet werden. Nach der Besetzung Untergrombachs und der Eroberung der Burg Obergrombach soll ein bewaffneter Zug in die Markgrafschaft Baden unternommen werden. Doch dazu kommt es nicht. Ein Eingeweihter bekommt Gewissensbisse und unterrichtet unter dem Schutz des Beichtgeheimnisses die bischöflichen Behörden rechtzeitig. Joß Fritz kann gerade noch untertauchen. Immer wieder erscheint er in den folgenden Jahren bei Aufständen in führenden Positionen, zuletzt 1525 im Südschwarzwald. Dort soll er gesagt haben: Er könne oder möge nicht sterben, *der Bundschuh habe denn zuvor seinen Fortgang erlangt.*

Joß-Fritz-Brunnen in Untergrombach.

JOSS FRITZ

Aufstand in Ochsenhausen

1501 rumort es in den 38 Dörfern, die zur Reichsabtei Ochsenhausen gehören. Jahrzehntelang streiten die Bauern schon mit den Äbten um das Erbrecht, um die Nutzung des Gemeinbesitzes, über *tägliche Neuerungen und Missbräuch.* 1502 greifen sie zu den Waffen.

Schon Mitte des 15. Jahrhunderts schrieb ein Kardinal an Papst Eugen IV.: *Missbräuche und Unordnungen erregen den Hass des Volkes gegen den ganzen geistlichen Stand, und wenn man sie nicht abstellt, so ist zu besorgen, dass das Volk sich über die Geistlichen hermachen wird.* Truppen des Schwäbischen Bundes brauchen nicht lange, den Aufstand niederzuwerfen. Doch die Untertanen des Klosters klagen gegen den Abt vor der Reichsstadt Ulm, die die Schirmvogtei über das Kloster besitzt, und erwirken einen für sie günstigen Schiedsspruch. Am 15. September 1502 wird darin festgelegt: Die bisherigen Lehen auf Lebenszeit werden in Erblehen umgewandelt, die frei verkäuflich sind. Die Eigenleute des Klosters genießen Freizügigkeit und keinerlei Heiratseinschränkungen. Bau- und Brennholz erhalten die Bauern frei, dürfen aber keinen Holzhandel damit treiben. Das Vieh darf in den Wäldern weiden. Klostereigene Äcker dürfen während der Brache als Weide genutzt werden. Gemeinbesitz darf nur mit Zustimmung der Bauern gegen Zins verliehen werden. Abt, Konvent und Amtsleute schwören, sich an den Vertrag zu halten, dann treten die abgefallenen Bauern, barfuß und barhäuptig, ohne Waffen vor den Abt und knieen vor ihm nieder, während dieser seine *gnädige Verzeihung* ausspricht. Der geschlossene Vertrag bildet für 300 Jahre die verfassungsrechtliche Grundlage für die Untertanen Ochsenhausens, bis zur Bauernbefreiung im 19. Jahrhundert. Manche Klöster orientieren sich am Ochsenhausener Beispiel, andere – wie Salem – gehen weiterhin willkürlich mit ihren Bauern um, was zu großer Unzufriedenheit führt. Die Bauern aber fordern die Bewahrung des alten Rechts und bäuerliche Selbstverwaltung als Gegengewicht gegen die Herrschaft.

Im Februar 1525 wird die nächste Generation der Ochsenhausener Untertanen einen Schritt weitergehen. *Nach göttlichem Recht soll jedermann frei sei, alle diejenigen Personen, Manns- wie Weibsbilder, die bisher Leibeigene des Gotteshauses (Klosters) gewesen sind, sollen fürderhin der selbigen Leibeigenschaft ledig sein, und nit wie die Küh und Kälber verkauft werden, dieweil wir nur einen Herrn, das ist Gott der Herr im Himmel, haben.* Wenn der Abt ein Dorf an einen anderen Herrn verkauft, wechselt der Bauer nämlich nach geltendem Recht seinen Leibherrn und ist einer völlig neuen, oft viel schlechteren Rechtssituation ausgesetzt.

Reichsabtei Ochsenhausen.

Der Bundschuh zu Lehen

Im Juni des Jahres 2013 feiert Lehen, heute ein Stadtteil Freiburgs, den 500. Jahrestag seiner Bundschuhverschwörung. Bei der Bundschuhhalle enthüllt der Ortsvorsteher Bernhard Schätzle die vom Bildhauer Thomas Rees gestaltete *Bundschuheiche.* Sie wuchs einst auf der *Hartmatte,* wo sich die Bauern aus Lehen 1513 trafen, um ihre Forderungen zu diskutieren. Vom Blitz getroffen war der uralte Baum umgestürzt. Nun ist er zum Denkmal geworden.

Bernhard Schätzle sagt in seiner Rede: *Vieles, was die Aufständischen 1513 forderten, bildet die Basis des deutschen Grundgesetzes. Daher ist es uns ein besonderes Anliegen, die Ereignisse vor 500 Jahren gebührend zu würdigen.* Holzbildhauer Rees hat in den Mittelpunkt seiner Skulptur einen Bauernführer mit der Bundschuhfahne gesetzt. Bauern stützen ihn, heben ihn hoch. Darunter neigt sich ein Geistlicher mit Rosenkranz zu einer grinsenden Teufelsfigur. Auf der Rückseite ist der gekreuzigte Christus zu sehen.

Drahtzieher des Lehener Bundschuhs ist Joß Fritz. Er hat sich 1512 in Lehen niedergelassen und übt das Amt des *Bannwarts* aus. Im Auftrag der Gemeinde überwacht er Wald, Feld und Rebland. In den Abendstunden trifft er sich mit Mitverschworenen auf einer abgelegenen Wiese jenseits der Dreisam bei der Straße von Lehen nach Mundenhof, der Hartmatte. Auch der Ortspfarrer sei dabei gewesen und habe versichert: Es sei ein göttlich Ding darum. Gott wolle es; man habe es auch in der Heiligen Schrift gefunden, dass es einen Fortgang haben müsse. Ihre wichtigsten Forderungen: Es soll kein Herr sein als Kaiser, Gott und Papst. Nur das Gericht am Wohnort soll Geltung haben. Kirchengut soll an Arme verteilt werden. Ungerechte Steuern und Zölle sollen keine Geltung haben. Ewiger Frieden soll in der Christenheit herrschen. Die Forderungen sollen dem Kaiser mitgeteilt werden, und wenn er sie nicht annähme, solle die Schweizer Eidgenossenschaft um Bündnis und Beistand angerufen werden.

Die Anhänger des Lehener Bundschuhs kommen aus der Stadt Freiburg und den nahen Schwarzwaldtälern. Doch einer von ihnen verrät dem badischen Markgrafen auf Burg Rötteln persönlich die Aufstandspläne. Es dauert nicht lange, bis die führenden Köpfe gefangen, gefoltert und hingerichtet sind – bis auf Joß Fritz, der entkommt. Im schweizerischen Schaffhausen versucht er vergeblich, die restlichen Anhänger um sich zu sammeln, dann flieht er ins Kloster Einsiedeln im Kanton Schwyz. Die sorgsam gehütete Bundschuhfahne stiftet er dort als Weihgeschenk der Jungfrau Maria.

Bundschuheiche in Freiburg-Lehen, Skulptur von Thomas Rees, geschnitzt aus einem Eichenstamm von der Hartmatte, dem Versammlungsplatz der Bauern.

Wer wiſſen wöll wie die ſach ſtand
Jtz in dem würtenbeger land
Der kauff vñ leß den ſpruch zů hād
Er iſt der arm Conrad genandt

Ein Grundgesetz für Württemberg

Im Jahr 1503 kommt Herzog Ulrich im Alter von 16 Jahren an die Regierung. Der junge Mann pflegt einen aufwendigen Lebensstil und hat das Land innerhalb eines Jahrzehnts an den Rand des Staatsbankrotts gebracht. Was tun?

Am einfachsten durchzusetzen erscheint der Regierung die Einführung einer neuen Verbrauchssteuer auf Fleisch und Wein. Um diese zu kaschieren, verringert sie die Gewichte. Der Preis für die Ware bleibt gleich, aber man bekommt weniger dafür. Das trifft vor allem die sozial Schwachen, die den Schwindel bald bemerken, und so kommt es 1514 zu Protesten und zum Bauernaufstand des *Armen Konrad*, der den Herzog schließlich zur Rücknahme der Steuer zwingt. Doch die Bauern geben sich nicht damit zufrieden und fordern nun, dass ein Landtag einberufen werden soll. Paritätisch aus Vertretern der Bauern und Bürger soll er zusammengesetzt sein. Die bürgerlich-städtische Elite will jedoch allein mit dem Herzog verhandeln. Sie schlägt deshalb vor, die Bauern zu einem Bauernlandtag nach Stuttgart einzuladen, während die Vertreter der Landstände mit jeweils zwei Abgeordneten aus 53 Städten im Tübinger Schloss tagen. So sammeln in Stuttgart die Bauern ihre Beschwerden und stellen Forderungen zusammen, die anschließend den Amtsbehörden übergeben werden. Die Versammlung der Landstände nimmt am 26. Juni 1514 in Tübingen die Arbeit auf. Herzog Ulrich ist an einer baldigen Lösung seiner finanziellen Probleme interessiert und stimmt dem Verfahren zu, da die Landstände Bereitschaft signalisieren, die herzoglichen Schulden zu übernehmen. Sie belaufen sich auf die damals gigantische Schuldensumme von 920 000 Gulden. Dafür muss der Landesfürst massive Zugeständnisse machen: ein Steuerbewilligungsrecht, Mitsprache bei Kriegen und Landverkäufen und für alle Untertanen das Recht des *freien Zugs*, d. h. der Auswanderung aus Württemberg, ebenso gesetzlich geregelte Gerichtsverfahren, wenn es um *Leib, Leben und Ehre* geht. Unter dem Druck der gefährlichen Situation im Land kommt es zu einer schnellen Einigung. Schon nach zwei Wochen, am 8. Juli 1514, wird der *Tübinger Vertrag* vom Herzog und den Landständen unterzeichnet. Er regelt auch, dass Aufrührer künftig gnadenlos verfolgt werden. Dieses staatsrechtliche Grundgesetz bleibt in Württemberg für Jahrhunderte gültig. Es muss von jedem Fürsten vor der Huldigung der Untertanen anerkannt werden. Charles James Fox, englischer Staatsmann zu Zeiten der Französischen Revolution, erklärte deshalb, er kenne außer England nur noch ein europäisches Land mit einer staatsrechtlichen Verfassung, und das sei das Herzogtum Württemberg.

Flugschrift von 1514.

Das Bauernkriegsmuseum in Beutelsbach

In der Ortsmitte von Weinstadt-Beutelsbach steht das *Alte Rathaus*, ein ehrwürdiger Fachwerkbau aus dem Jahr 1534. Heute wird es *Württemberg-Haus* genannt, und gleich zwei Museen sind in ihm untergebracht. Das eine, *Museum Wiege Württembergs*, erinnert an die Anfänge des Hauses Württemberg in Beutelsbach, das andere, *Museum Bauernkrieg*, befasst sich vor allem mit dem Bauernaufstand des *Armen Konrad*, der in Beutelsbach 1514 seinen Ausgang nahm.

Begonnen hat er mit einer spektakulären Aktion des Beutelsbachers Peter Gaiß gegen die Verbrauchssteuererhöhung auf Fleisch, Wein und Getreide. Um diese zu verschleiern, hat die Regierung Maße und Gewichte verringert. Gaiß besorgt sich bei einem Metzger die neuen Gewichte, zieht mit einer immer größer werdenden Anhängerschar zur nahen Rems und veranstaltet ein *Gottesurteil*. Wenn die Gewichte auf der Wasseroberfläche davonschwämmen, habe die Regierung recht, wenn sie untergingen, das Volk, wenn es dagegen protestiere. Tags darauf läutet Gaiß auf dem Kappelberg über Beutelsbach die Sturmglocke und spricht zu den Demonstranten. Er stehe für den *Armen Konrad*, sagt er. Sprichwörtlich bedeutet das *für den einfachen Mann*. Wer auch dafür stehe, solle sich ihm anschließen. Die Menge zieht vor die Tore Schorndorfs und besetzt schließlich die Amtsstadt. Bald erfasst der Aufstand große Teile Württembergs, obwohl der Herzog die Steuererhöhung längst zurückgezogen und weitere Zugeständnisse gemacht hat: Auf einem Bauerlandtag in Stuttgart sollen die Bauern ihre Beschwerden zusammenstellen, während die Vertreter der Städte in Tübingen den Tübinger Vertrag aushandeln – in dem auch bestimmt wird, mit aller Schärfe gegen künftige Aufrührer vorzugehen. Kaum beschlossen, handelt der Herzog und schlägt mit Unterstützung verbündeter Fürsten den Aufstand nieder. Vor der Stadt Schorndorf und auf dem Stuttgarter Marktplatz finden Massenhinrichtungen statt.

Das Bauernkriegsmuseum in Beutelsbach informiert mit Bildern, Dioramen und Texttafeln über Beginn und Verlauf des *Armen Konrad* und über die Lebensbedingungen der Bauern zu Beginn des 16. Jahrhunderts. Unter einer Bundschuhfahne ist ein Wirtshaustisch aufgestellt mit einem Kreis in der Mitte und einer Kerze. Er erinnert an den Aufnahmeritus in die Gemeinschaft der Verschwörer. Mit den drei Schwurfingern mussten die Aufgenommenen in den Kreis *stupfen*. Oben auf dem Kappelberg stand einst die Stammburg der Herren von Beutelsbach. Später nannten sie sich nach der Burg auf dem Wirtemberg bei Stuttgart. Heute erinnert in den Ruinen der längst verfallenen Burg Beutelsbach eine Bronzetafel an den Aufstand des *Armen Konrad*.

Der Tisch der Verschwörer. Installation im Bauernkriegsmuseum in Weinstadt-Beutelsbach.

II. HEGAU, KLETTGAU, HOTZENWALD

Der Stühlinger Schneckenstreit

In Stühlingen, an der Grenze zwischen Deutschland und der Schweiz, soll im Juni 1524 der Deutsche Bauernkrieg seinen Ausgang genommen haben. Anlass sei der Befehl der Landgräfin Clementia von Montfort, Gattin des Landgrafen Sigismund II. zu Lupfen, gewesen, die Stühlinger Bauern Schneckenhäuser sammeln zu lassen, damit ihre Mägde diese als Garnrollen benutzen können.

Schon die Zimmersche Chronik, etwa 20 Jahre nach dem Bauernkrieg in Meßkirch niedergeschrieben, erwähnt die Sage als Auslöser des Bauernkriegs. Tatsächlich müssen die Stühlinger Bauern auch Pilze für die Herrschaft sammeln und Schlehen für Schlehenkompott. Das empfinden sie als reine Willkür. Dazu kommt, dass im Verlauf des Schweizerkriegs der Habsburger gegen die Eidgenossenschaft 1499 ein Schweizer Heer in den Hegau marschiert ist und auch Stühlingen besetzt hat. Große Hoffnungen haben die Stühlinger gehabt, dass die Schweiz ihnen die Freiheit brächte. Doch das eidgenössische Heer zerstört Burg und Stadt und zieht sich bald wieder über die Grenze zurück. Die Stühlinger müssen nun mit vermehrten Frondiensten und erhöhten Abgaben für den Wiederaufbau von Stadt und Burg Hohenlupfen bezahlen.

Am 23. Juni 1524 verbünden sich die Stühlinger Bauern mit der zum habsburgischen Vorderösterreich gehörenden Stadt Waldshut, die von Zürich unterstützt wird. Sie ziehen vor das Stühlinger Schloss und erklären dem Obervogt ihre Forderungen. Graf Sigismund II. von Lupfen zeigt sich überrascht und schreibt an die vorderösterreichische Regierung in Freiburg, dass sich seine Untertanen gegen ihn aufgelehnt hätten. *Dann haben sie beschlossen, dass sie den Herren keine gewöhnlichen und herkömmlichen Fronen und Dienste mehr leisten und im uns verliehenen Wildbann, Forst und Gewässer frei jagen und fischen. Sie wollen uns sogar keine Abgaben mehr entrichten.*

Es kommt zu Verhandlungen zwischen den Bauern und Vertretern der Herrschaft, die zu keinem Ergebnis führen. Während die Aufständischen Waldshut besetzen, wo sie mit Freude empfangen werden, beraten sich die Vertreter der Grafen von Lupfen und der vorderösterreichischen Regierung in Radolfzell. Die Lage eskaliert weiter, denn die Stühlinger werben im ganzen Umkreis neue Mitglieder und nehmen Verbindung zur Stadt Zürich sowie zum verbannten Herzog Ulrich von Württemberg auf dem Hohentwiel auf. Dazu erheben sich die Bauern am Hochrhein, im Hegau und im Südschwarzwald, und es dauert nicht lange, bis ganz Südwestdeutschland von den Unruhen erfasst ist.

Schloss Hohenlupfen in Stühlingen.

Die Hilzinger Kirchweih

Am 2. Oktober 1524 lagern Bauern aus dem Hegau, aus Stühlingen und dem Hotzenwald in Hilzingen am Fuß des Hohentwiel. Dort ist gerade Kirchweih, eines der größten Hegauer Volksfeste. Die Bauern halten eine Versammlung ab, wählen Hans Maurer aus Schlatt bei Singen zu ihrem Anführer, außerdem 24 Räte und gründen eine *Eidgenossenschaft*.

Man will *frei sein wie die Schweizer. Gut Schweizer zu sein und voneinander nit zu weichen*, schwören sich die Hegauer Bauern. So schreibt der Berner Chronist Valerius Anselm, man habe sich verlassen *auf der Eidgenossen verwandte Nachbarschaft und besonders auf die von Zürich, die ihnen hatten Schirm und Hilfe zugesagt.*

Oben auf dem Hohentwiel sitzt Herzog Ulrich und wartet auf eine Gelegenheit, sein Land, das ihm die Habsburger genommen haben, wiederzuerobern. Den Hohentwiel hat er sich zu diesem Zweck 1521 mit dem Geld des französischen Königs gekauft. Der ist an allem interessiert, was Habsburg schadet. Ulrich nimmt Kontakt zur Stadt Zürich auf, zeigt sich offen für die Einführung der Reformation. Stifte und Klöster will er nach seiner Rückkehr aufheben, um mit deren Geld seine Untertanen von Leibeigenschaft und Frondiensten zu befreien. Er schreibt Briefe an die Bauern, verspricht das Blaue vom Himmel, unterschreibt sie mit *Utz* (Ulrich) *Bur* (Bauer). Erst zehn Jahre ist es her, da ist er in Württemberg grausam gegen den Aufstand des *Armen Konrad* vorgegangen. Ulrichs Gesandte reiten hinunter zu den Bauern und verhandeln mit ihnen. Diese kommen aus den unterschiedlichsten Herrschaftsgebieten von Hegau und Klettgau. Viele sind Untertanen Vorderösterreichs, andere gehören zum Kloster St. Blasien in Hochschwarzwald, zur Landgrafschaft Stühlingen, wieder andere den Grafen von Fürstenberg. Für einige Tage wird Hilzingen zum zentralen Ort des Geschehens.

Den Bauernaufstand niederzuwerfen erscheint den Landesherren aussichtslos. Sie wenden sich an die Reichsstadt Überlingen. Die soll einen Ausgleich mit den Bauern vermitteln. Ein Schiedsgericht unter dem Vorsitz Überlingens soll entscheiden. Es ist zusammengesetzt aus Bauern und Bürgern. Tatsächlich verlassen sich die Bauern auf die vagen Zusicherungen und gehen auf ihre Höfe zurück. Ein halbes Jahr später reichen die Stühlinger eine umfangreiche Klageschrift von 62 Artikeln beim Reichskammergericht in Esslingen als dem höchsten Gericht im Heiligen Römischen Reich ein. Die Bauern schließen mit der Forderung an die Reichskammerrichter, sie sollten *göttliche, natürliche Billigkeit, Vernunft und Verstand* walten lassen. Mit der Niederwerfung der Bauern im Lauf des Jahres 1525 werden diese Hoffnungen allerdings hinfällig.

Bauernkriegsmuseum Hilzingen.

Zehnter
Artikel:
Dritter
Artikel:

Dritter
Artikel:
Wir wollen
aus der
Leib-
eigenschaft
entlassen
sein.
Zweiter
Artikel:
Den kleinen
Zehnt
wollen wir
garnicht
geben.
Erster
Artikel:
Wir wollen
den Pfarrer
selber
wählen.

Balthasar Hubmaier in Waldshut

Seit 1521 ist Balthasar Hubmaier Priester in der Stadt Waldshut am Hochrhein. Sie gehört zu Vorderösterreich. In St. Gallen und Zürich kommt er in Kontakt mit reformatorischen Lehren. In Waldshut versucht er, die Reformation durchzusetzen, und stößt anfangs auf Widerstand der Behörden, weshalb er in Schaffhausen Zuflucht sucht. Doch die Waldshuter holen Hubmaier im Herbst 1524 im Triumphzug nach Waldshut zurück.

Die vorderösterreichische Regierung legt Protest ein, wagt aber nicht einzugreifen, denn Soldaten aus Zürich rücken in Waldshut ein, um ihren Glaubensbrüdern beizustehen. Hubmaier führt eine neue Gottesdienstordnung und die Erwachsenen-Wiedertaufe ein. Er selbst lässt sich mit 60 Waldshuter Honoratioren ein zweites Mal taufen, anschließend tauft er selbst einen Großteil der Waldshuter. Religiöse Bildwerke lässt er aus den Kirchen und Kapellen entfernen, denn nur Gottes Wort zähle. Dann holt er den Thüringer Reformator Thomas Müntzer in den Klettgau. Der Stadtherr, Erzherzog Ferdinand von Österreich, verlangt vergeblich Hubmaiers Auslieferung. Die Gemeinde hält zu ihrem Pfarrer – und zu den aufständischen Bauern, die ebenfalls im Herbst 1524 von den Waldshutern begeistert aufgenommen werden. Mit den Stühlinger Bauern gehen sie eine *evangelische Bruderschaft* ein. Der Notar des Klosters St. Blasien schreibt erzürnt: *Ist derselbig Doctor Baltasar ein Anfänger und Aufwiegler gewest des ganzen bäuerischen Krieges.*

In Waldshut verfasst Hubmaier einen Verfassungsentwurf für die Zeit nach Bauernkrieg und Reformation: *Die Zeit ist gekommen, dass Gott der weltlichen Herren Schinden, Schaben und Tyrannei nicht mehr leiden will. Daher muss das Volk einer jeder Landschaft zusammenkommen und einen Bund nach dem Wort Gottes machen. Alsdann soll es seiner Obrigkeit dreimal schreiben, in die Bruderschaft zu kommen. Wenn sie nicht kommt, hat die Landschaft das Recht und die Pflicht, ihr das Schwert zu nehmen und einem anderen zu geben. Diese neuen Könige, Fürsten, Herzöge und Landesherren sind ohne Rücksicht auf die Geburt von dem gesamten Volk aus zwölf Männern zu wählen, die ihm von den Bauern vorgeschlagen werden.*

Nach der Niederwerfung des Bauernkriegs besetzen vorderösterreichische Truppen Waldshut und zwingen die Bürger, zum Katholizismus zurückzukehren. Hubmaier flieht mit seiner Frau nach Zürich, dann geht er nach Mähren, wo ihn Erzherzog Ferdinand 1527 verhaften lässt. In Wien wird ihm der Prozess gemacht. Am 10. März 1528 verbrennt man ihn dort als Ketzer bei lebendigem Leib auf einem Scheiterhaufen. Drei Tage später wird seine Frau Elsbeth in der Donau ertränkt.

Balthasar Hubmaier, nach einem Stich von Christoffel van Sichem, um 1650.

Thomas Müntzer im Klettgau

Vor dem zukünftigen Kurfürsten von Sachsen, Johann dem Beständigen, und dessen Sohn Johann Friedrich I. hat er gepredigt und sie dazu aufgefordert, sich der Reformation anzuschließen. Im thüringischen Mühlhausen fordert er: *Die Macht soll gegeben werden dem gemeinen Volk.* Doch die Zünfte und auch einen Großteil der Bauern kann er damit nicht überzeugen, weshalb er Mühlhausen verlassen muss.

Über Nürnberg und Basel kommt er 1524 in den Klettgau und lässt sich etwa zehn Kilometer östlich von Waldshut in Grießen nieder. Mit Balthasar Hubmaier steht er in enger Verbindung. Von Grießen aus zieht Müntzer durch den Klettgau und den Hegau, predigt in der Waldshuter Kirche und unterstützt die aufständischen Bauern. Gütergemeinschaft aller Gläubigen soll es geben, das Tausendjährige Reich Gottes auf Erden soll errichtet werden. Die Stunde sei nahe, dass der Herr wiederkomme und sein Volk erlöse. Zahlreiche Prediger ziehen in seinem Auftrag durch die Gegend und sammeln Zuhörer um sich. Nach Friedrich Engels soll Grießen im Herbst 1524 zum *Mittelpunkt der ganzen revolutionären Bewegung von Süddeutschland* geworden sein. Das ist vielleicht etwas übertrieben. Müntzer und seine Jünger erreichen sicher manche Schwarmgeister, doch die Mehrheit der Hegauer und Klettgauer Bauern denkt eher pragmatisch. Das Evangelium soll ihre politischen Forderungen rechtfertigen und ihnen mehr Freiheit bringen, während Müntzer die sündige Obrigkeit aus der Welt schaffen und das Gottesreich vorbereiten will. Ende Februar 1525 kehrt Müntzer wieder nach Mühlhausen zurück. In Thüringen und Sachsen wird er zum Propheten des Aufstands. Seinen Anhängern schreibt er: *Streitet den Streit des Herrn. Es ist hohe Zeit. Haltet eure Brüder all dazu, dass sie göttliches Zeugnis nicht verspotten, sonst müssen sie alle verderben. Die Bauern im Klettgau, im Hegau und Schwarzwald sind auf, dreißigtausend Mann stark, und wird der Haufe je länger je größer. Allein das ist meine Sorge, dass die närrischen Menschen sich verwilligen in einen falschen Vertrag.* Sein Schreiben ist unterzeichnet: *Thomas Müntzer, ein Knecht Gottes gegen die Gottlosen.*

Am 10. Mai 1525 zieht Müntzer zum Heer der Bauern in Frankenhausen. Auf seiner Fahne sind ein Regenbogen und die Worte zu sehen: *Verbum domini maneat in aeternum* (Das Wort Gottes bleibe in Ewigkeit). Den Bauern steht ein Heer der Fürsten gegenüber. Ein Waffenstillstand wird ausgehandelt, Müntzer predigt indes den Bauern. Da nützen die Fürsten die Gelegenheit, brechen den Waffenstillstand und fallen über sie her. Müntzer wird gefangen genommen, gefoltert und am 27. Mai 1525 bei Mühlhausen hingerichtet.

Thomas Müntzer (Katholische Universität Leuven, 16. Jahrhundert).

TOMAS MUNCER

is in een Velt slagh overwonnen, en tot Franck: huesen Gevangen gebrocht, en onthooft.

Hans Müller von Bulgenbach
Oberster Feldhauptmann der Bauern im Bauernkrieg
1524/25

Hans Müller aus Bulgenbach

Seit Herbst 1524 ist er Hauptmann des Stühlinger Bauernhaufens: Hans Müller aus Bulgenbach, nahe dem Schluchsee, 20 Kilometer westlich von Stühlingen, oben im Hochschwarzwald gelegen. Am 6. Oktober macht sich Müller mit den Stühlinger, Schwarzwälder und Hegauer Bauern auf, um den Südschwarzwald und die Baar zum Anschluss zu bewegen.

Noch im Frühjahr 1524 ist er Heerführer in Diensten des Schwäbischen Bundes gewesen. In Frankreich hat er als Landsknecht im kaiserlichen Heer gekämpft. Mit dem Reformator Hubmaier in Waldshut hat er sich besprochen und zieht nun von Stadt zu Stadt und von Dorf zu Dorf mit einer Fahne, welche die österreichischen Farben Weiß und Rot zeigt, dazu die Aufschrift *Alt Österreich.* Er selbst trägt ein rotes Barett mit Federn und einen roten Mantel. Andreas Letsch, Zeitgenosse von Hans Müller und Notar des Klosters St. Blasien, schreibt über ihn: *Er war vornehm, ganz wohlbered und fürwitzig und keiner konnte reden wie er. Er war in rechter Manneslänge, und alle waren ehrfürchtig vor ihm.* Seine Briefe unterzeichnet er mit einem dreifachen: *Evangelium, Evangelium, Evangelium.* Ein Herold zieht vor ihm her und verliest das Programm: Die habsburgische Herrschaft wollen sie akzeptieren, nicht aber die Sonderrechte und -forderungen der Landgrafen. *Wir bekämpfen nicht den Kaiser und nicht unser heiliges Reich. Wir wollen nur die Freiheit, die uns mit List und Grausamkeit genommen wurde. Unsere Rechte wollen wir ertrotzen und wenn notwendig dafür kämpfen. Die Fürsten und ihre unchristlichen Vasallen stürzten uns in große Not und in eine noch nie dagewesene Rechtlosigkeit. Darum können wir sie nicht mehr brauchen und sagen uns von ihnen los.*

Außer Villingen und Radolfzell schließen sich Müller die wichtigsten Orte im Südschwarzwald, der Baar, dem Hegau und dem Klettgau an. Auch Herzog Ulrich auf dem Hohentwiel tritt der *evangelischen Bruderschaft* bei. Einer Einladung von Erzherzog Ferdinand zu Verhandlungen kommt Müller vorsichtshalber nicht nach, sondern bleibt an der Spitze seiner rund 12 000 aufständischen Bauern. Er weiß, dass er von den habsburgischen Häschern gesucht wird. Im Mai 1525 zieht Müller über Vöhrenbach, Furtwangen und Kirchzarten nach Freiburg. Er bezeichnet sich jetzt als *oberster Hauptmann auf dem Schwarzwald.* Nach der Niederwerfung des Bauernkriegs verbirgt sich Hans Müller zunächst auf dem Hohentwiel bei Herzog Ulrich. Dann geht er nach Schaffhausen. Schließlich wird er im vorderösterreichischen Laufenburg am Hochrhein aufgegriffen, eingekerkert und am 12. August 1525 *mit dem Schwert, stehend,* hingerichtet.

Gedenktafel für Hans Müller am Rappenfelsensteig bei Bulgenbach.

III. OBERSCHWABEN, ALLGÄU, BODENSEE

Der Baltringer Haufen

An Heiligabend 1524 sitzen Baltringer Bauern am Stammtisch zusammen, unter ihnen auch Ulrich Schmied aus dem Nachbardorf, *ein frommer, gutherziger, redlicher und weiser Mann*, wie er beschrieben wird. Von nun an treffen sich die Baltringer regelmäßig, jeden Donnerstag. Bald bekommt auch die Obrigkeit Wind davon.

Baltringen liegt etwa 20 Kilometer südlich von Ulm in heutigen Landkreis Biberach. Ulrich Schmied ist ein besonnener Mann. Solange er der Bauern Oberster sei, solle niemandem ein Leid geschehen, versichert er. Doch Dr. Leonhard Eck, Sprecher der Fürsten, warnt vor ihm: *Ich bin der Meinung, man sollte den Hauptmann suchen, ihn mit zehn Reitern fangen und einsperren.* Bürgermeister Neidhardt aus Ulm verhandelt mit Schmied und den Baltringern im Auftrag des Schwäbischen Bundes. Sie sollen ihre Beschwerden erst mal aufschreiben, schlägt er vor. Nach wenigen Wochen, im Februar 1525, überreichen sie den Vertretern der Obrigkeit ein Paket von 300 Beschwerdeschriften aus Dörfern der ganzen Region. Gegen die Leibeigenschaften wenden sich die Bauern, gegen die hohen Abgaben, gegen überhandnehmende Frondienste. Das Holz aus den Wäldern wollen sie frei nutzen können: *Gott der Allmächtige hat das Holz wachsen lassen und es soll dem Armen wie dem Reichen dienen.* Rechtssicherheit im Alltag klagen sie ein. Welches Recht sie denn meinten, wird Ulrich Schmied gefragt. *Das göttliche Recht,* sagt er. Auch auf den spöttischen Einwand, ob Gott jetzt vom Himmel herabsteigen und Recht sprechen soll, weiß er eine Antwort: Theologen sollen nach der Bibel entscheiden, was göttliches Recht sei.

Als Vertreter der Baltringer macht sich Schmied auf nach Memmingen, wo sich die Bauern Oberschwabens zu einem Bauernparlament treffen, um ihre Forderungen in der Bundesordnung, einem Verfassungsentwurf der *Christlichen Vereinigung*, zu formulieren. Die Reform-Theologen Luther, Melanchthon und Zwingli sollen entscheiden, ob göttliches Recht dabei verletzt werde. Der Schwäbische Bund lehnt das ab und schickt seine Soldaten, um den Aufruhr zu beenden. Dörfer werden angegriffen. Die Baltringer reagieren empört, stürmen Schlösser und Klöster. Vermittlungsversuche oberschwäbischer Reichsstädte scheitern, und schließlich unterliegen die Baltringer den Landsknechten des Schwäbischen Bundes. Ulrich Schmied kann in die Schweizer Eidgenossenschaft entkommen. Heute erinnert ein Museum im Alten Rathaus von Baltringen an die Geschichte des Baltringer Haufens, die *Erinnerungsstätte Baltringer Haufen – Bauernkrieg in Oberschwaben.*

Ulrich-Schmied-Denkmal in Sulmingen.

Der Bauernschlächter kommt!

Bauernschlächter nennt man ihn oder auch mit bitterer Ironie *Bauernjörg.* Georg III. Truchseß von Waldburg-Zeil ist ein erfahrener Kriegsmann. 1514 hat er Herzog Ulrich von Württemberg geholfen, den *Armen Konrad* niederzuwerfen. Für den Kaiser hat er in Italien gekämpft, für den Schwäbischen Bund 1519 seinen früheren Dienstherrn, Herzog Ulrich, aus Württemberg vertrieben.

Wenn man ihn braucht, ist er zur Stelle. Im Februar 1525 erinnert sich Erzherzog Ferdinand von Österreich an ihn und macht den 36-Jährigen zum Feldhauptmann gegen die aufständischen Bauern. Es ist in dieser Zeit nicht leicht, Landsknechte aufzutreiben. Die sind noch in Italien beschäftigt, wo Kaiser Karl V. gegen den französischen König kämpft. Nach dem kaiserlichen Sieg am 24. Februar 1525 bei Pavia scheinen die Chancen dafür besser. Doch von den Landsknechten, die jetzt über die Alpen nordwärts ziehen, sympathisieren viele mit den Bauern und sind sogar bereit, bei ihnen mitzukämpfen. Aber die Bauernführer wollen ihre heilige Sache nicht durch Landsknechte entweihen lassen. Schließlich gelingt es Georg von Waldburg, 4000 Landsknechte zu bewegen, in sein Heer einzutreten. Der Augsburger Jakob Fugger, genannt *der Reiche*, schießt das Geld dafür vor. Er kann in Schwaben für seine Fernhandelszüge keine Unruhen brauchen. Mit zahlenmäßig unterlegenem Heer zieht Waldburg zunächst in den Hegau und fordert bedingungslose Unterwerfung. *Wo ihr das nit tut, so werd ich gegen euch als Verbrecher gegen das Reich und den Landfrieden handeln.* Doch ist er auch bereit, mit den Bauern Verträge zu schließen, wenn ihre Übermacht keine andere Lösung zulässt. Wochen später macht er sich mit verstärktem Landsknechtsheer von Ulm aus gegen die 30 000 aufständischen oberschwäbischen Bauern auf. Dann geht es weiter zum Bodensee, an den Hochrhein und schließlich durch das Neckartal nach Franken. Den besser gerüsteten Landsknechten mit ihrer Kriegserfahrung haben die Bauernhaufen wenig entgegenzusetzen. Und der *Bauernschlächter* kennt keine Gnade. Bauernführer lässt er spektakulär hinrichten, Zehntausende flüchtende Bauern brutal niedermachen, Dörfer und Städte verbrennen. Ein Exempel muss statuiert werden. Jakob Fugger: *Wenn sich der Bund nicht so tapfer gehalten hätt, wären Fürsten, Adel und Geistlichkeit vertrieben worden, und wo man nit Haufen erschlagen hat, da sind sie noch nit gar gute Christen.*

Nach seinem Erfolg macht der Kaiser Georg von Waldburg zum Erbtruchsessen des Reiches und zum Statthalter des weiterhin von den Habsburgern besetzten Herzogtums Württemberg. In der Stiftskirche St. Peter in Bad Waldsee liegt er begraben.

Georg von Waldburg, kolorierter Holzschnitt von Hans Burgkmaier dem Älteren, ca. 1526–1530.

Her Gergtrüchses

Herzog Ulrich zieht mit den Bauern

Oben auf seiner Burg Hohentwiel, nahe der Schweizer Grenze, wartet der vom Kaiser abgesetzte Ulrich darauf, sein Herzogtum wieder in Besitz zu nehmen. Die Aufstände der Bauern scheinen ihm eine Gelegenheit dafür zu geben. Mit dem französischen König, der mit dem Kaiser gerade Krieg führt, steht er in Kontakt, ebenso mit den Schweizern, ebenfalls Feinde der europäischen Vormacht Habsburg.

An Skandalen mangelte es während seiner Regentschaft nicht. 1515 ermordete er aus Eifersucht seinen Freund Hans von Hutten, mit dessen Ehefrau er ein Verhältnis suchte. Seine Frau Sabrina von Bayern flieht darauf zu ihren Eltern nach München zurück. Der Kaiser spricht über ihn die Reichsacht aus. Ulrich wütet dessen ungeachtet weiter. Seine Kritiker lässt er foltern und hinrichten. 1519 überfällt er die Reichsstadt Reutlingen. Da zieht das Heer des Schwäbischen Bundes gegen ihn, an dessen Spitze Georg Truchsess von Waldburg. Ulrich wird besiegt, abgesetzt, verbannt, und sein Herzogtum gerät unter die Verwaltung des Kaisers.

Als der Bauernkrieg begonnen hat, zieht Ulrich am 23. Februar 1525 mit einem Heer von Schweizer Landsknechten und Hegauer Bauern unter der Führung von Hans Müller von Bulgenbach vom Hohentwiel Richtung Norden. Das Geld für die Landsknechte will der französische König bezahlen. Am 1. März kann er Balingen zurückerobern, wenige Tage später nimmt er Herrenberg ein. Am 9. März steht er vor Stuttgart. Doch bereits nach zwei Tagen muss er die Belagerung abbrechen. Frankreich hat die Entscheidungsschlacht bei Pavia gegen den Kaiser verloren und stellt die Zahlungen ein. Ulrichs Schweizer Söldner ziehen ab. Er selbst kehrt am 17. März auf den Hohentwiel zurück. Doch im April verhandelt er wieder mit den Hegauer Bauern. Auch zu den aufständischen Württembergern nimmt er Kontakt auf. Die wären nicht abgeneigt, ihm zur Rückkehr zu verhelfen, wenn er einem Verfassungsentwurf zustimmt: Das Kirchenvermögen soll verstaatlicht werden. Ein zwölfköpfiges Regiment soll die herzogliche Regierung kontrollieren, paritätisch zusammengesetzt aus vier Adeligen, vier Bürgern und *vier von den Dörfern*. Der Herzog soll *ohne deren Rat und Willen nit, was Land und Leut betrifft, Macht zu handeln haben.* Aber inzwischen ist Georg von Waldburg an der Spitze des Schwäbischen Bundesheeres auf seinem Siegeszug gegen die Bauern, und die Verhandlungen erübrigen sich. Erst neun Jahre später gelingt Ulrich die Rückkehr – an der Seite evangelischer Fürsten, welche die Habsburger aus Württemberg vertreiben und dort die Reformation durchsetzen.

Herzog Ulrich von Württemberg, kolorierter Stich von 1520.

Sebastian Lotzer aus Horb und die Zwölf Artikel

Um 1490 ist er in Horb am Neckar geboren. Der Kürschner, Laienprediger und Verfasser von Reformationsschriften hat die *Memminger Artikel* und wenig später im Auftrag der *Ehrsamen Landschaft der Christlichen Vereinigung* die weithin bekannten *Zwölf Artikel* der Bauern verfasst, außerdem entscheidend mitgewirkt an der Bundesordnung der Bauern. Beide Texte gelten als erste Niederschrift von Menschen- und Freiheitsrechten in Europa.

In Horb ist ihm ein Denkmal gewidmet. Darauf ein Zitat von ihm: *Darumb erfindt sich mit der geschryfft, das wir frey seyen und wöllen sein.* In Memmingen erinnert eine Straße und der Name einer Schule an ihn. In die schwäbische Reichsstadt an der Iller, direkt an der Grenze zum heutigen Baden-Württemberg, kommt Lotzer als Kürschnergeselle. Doch hat er sich bereits als Schriftsteller einen Namen gemacht. 1523 erscheint in Augsburg sein *Beschirmbüchlein*, im selben Jahr: *Ein christlicher Sendbrief, darin angezeigt wird, dass die Laien Macht und Recht haben, von dem Wort Gottes zu reden, zu lernen und zu schreiben.* Er bekennt sich zu Luthers Lehre, dass nur die Gnade Gottes für die Erlösung des Menschen maßgebend sei. Gottes Wort soll *rein, lauter und ohn all Menschen Gedicht* verkündet werden. Den Ablasshandel lehnt er ab. Nichts habe Gültigkeit, was sich nicht aus der Schrift herleiten lasse. Historiker bescheinigen ihm eine erstaunliche Bibelkenntnis. Auch Zwinglis Lehren kennt er und folgt dem Prinzip des Schweizer Reformators, die Worte der Heiligen Schrift auf das praktische Leben zu übertragen. 1524 schreibt er: Die Memminger Gemeinde *begehrt nichts anderes, denn was göttlich und recht ist.* Ulrich Schmied, der Hauptmann des Baltringer Haufens, gewinnt ihn zu seinem Feldschreiber. Zwischen dem 27. Februar und 1. März 1525 formuliert Lotzer aus den Beschwerdelisten der oberschwäbischen Dörfer *die Zwölf Artikel.* Auf den Memminger *Bundestagen* wird nach dem *Göttlichen Recht* gesucht. Doch die Mehrheit der aufständischen Bauern kann Lotzer mit seiner neuen Weltordnung nicht überzeugen. Ihnen kommt es darauf an, dass ihre gegenwärtigen Lasten verringert werden. Außerdem ist Georg von Waldburg mit dem Bundesheer im Anmarsch. Der fordert vollständige Unterwerfung. Radikalere Kräfte im Bauernheer setzen sich durch. Am 26. März brennt Schloss Schemmersberg bei Biberach, weitere Burgen und Schlösser folgen. Doch gegen die Landsknechte des Truchsessen können die Bauern nicht gewinnen. Im April 1525 flieht Sebastian Lotzer aus Memmingen in die Schweizer Eidgenossenschaft. In St. Gallen taucht er noch einmal auf, dann verlieren sich seine Spuren.

Denkmal von Markus Wolf für Sebastian Lotzer in Horb.

SEBASTIAN
LOTZER
VON HORB
SCHUF IM
MÄRZ 1525
MIT DEN
ZWÖLF
ARTIKELN
EIN
MONUMENT
IN DER GE-
SCHICHTE
DER
MENSCHEN-
UND
FREIHEITS-
RECHTE
NACH DER
NIEDER-
SCHLAGUNG
DER ERHE-
BUNG DES GE-
MEINEN
MANNES
FLOH ER
NACH
ST. GALLEN
WO SICH
SEINE SPUR
IM NICHTS
VERLIERT

Darumb erfindt sich mit
der geschrifft das wir
frey seyen und wöllen sein

In diesem Haus versammelten sich im
März 1525 die aufständischen Bauern
um ihre Forderungen in den berühmten
"ZWÖLF ARTIKEL" festzulegen.

Das Memminger Bauernparlament

Am 7. März schließen sich der Baltringer, der Allgäuer und der See-Haufen zur *Landschaft der Christlichen Vereinigung* und zu einer *Oberschwäbischen Eidgenossenschaft* zusammen. Ihre Vertreter treffen sich dazu in Memmingen, im Gebäude der *Kramerzunft*, das heute noch steht. Ein Wandbild an diesem Haus erinnert daran.

Gleich danach informieren die Bauern den Schwäbischen Bund über ihren Schritt. Dessen Bundeshauptmann ist entsetzt. Er denke, *dass der Teufel los und in die Bauern* gefahren sei. Wie konnte die Memminger Stadtregierung so etwas überhaupt in ihren Mauern dulden? Die Räte des Schwäbischen Bundes in Ulm wettern, *dass die Bauern willens seien, ihre Oberen und Herrschaften, geistlich und weltlich, zu unterdrücken.* Eine zweite Eidgenossenschaft ist im Entstehen begriffen! Zwei Wochen später beschließt das Memminger Bauernparlament die Zwölf Artikel, dann die Bundesordnung. Drei Ebenen der politischen Gliederung soll es geben: *Gemeindeversammlung*, *Haufen* und *Landschaft*. Der Ursprung der Gewalt wurzelt in der Gemeindeversammlung. In Windeseile verbreiten sich die Schriften. Gedruckt werden sie in Augsburg, Breslau, Konstanz, Magdeburg, Nürnberg, Regensburg, Erfurt und Straßburg.

Die Gemeinden sollen ihren Pfarrer frei wählen und auch absetzen können. Der *Kleine Zehnt* soll abgeschafft, der *Große Zehnt* für die Besoldung des Pfarrers und für soziale Zwecke verwendet werden. Die Leibeigenschaft soll beendet werden. Jagd, Fischerei und Holznutzung soll künftig frei sein, die Frondienste sollen reduziert, die Pachtzinsen überprüft werden. Vor Gericht soll nicht mehr nach Willkür, sondern nach überliefertem Recht geurteilt und gestraft werden. Die Herren sollen ursprüngliches Gemeindeland, das sie sich angeeignet haben, zurückgeben. Die Erbschaftssteuer soll abgeschafft werden.

Der letzte Artikel setzt fest: Wenn Forderungen *dem Worte Gottes nicht gemäß wären*, sollen sie ungültig sein. Weitere Forderungen aber, die sich aus der Heiligen Schrift ergäben, können jederzeit folgen. Martin Luther betrachtet die Bauernbewegung mit zunehmender Skepsis. Doch an die adeligen Herren schreibt er in diesen Tagen: *Sie haben zwölf Artikel aufgestellt, unter denen einige so gerecht sind, dass sie euch vor Gott und der Welt zur Schande gereichen. Nun ist es ja auf die Dauer unerträglich, die Leute so zu besteuern und zu schinden!*

Im Jahr 2000 stiftet die Stadt Memmingen im Andenken an die im Memminger Bauernparlament beschlossenen Zwölf Artikel den *Memminger Freiheitspreis 1525 für Verdienste um Freiheit, Recht und Gerechtigkeit.* Er wird alle vier Jahre verliehen.

Hausmalerei in Memmingen am Gebäude der Kramerzunft.

Verhandlungen in Ulm

Der Schwäbische Bund aus Vertretern der Fürsten, Adeligen und Reichsstädte tagt seit 1488 in Ulm. Unter anderem ist er zuständig für die Regelung von Konflikten zwischen Herrschaft und Untertanen. Eine Reichsreform und den allgemeinen Landfrieden soll er im Auftrag des Kaisers schaffen. 1525 hat er aber nicht nur mit den Bauernaufständen, sondern auch mit Herzog Ulrich von Württemberg zu tun, der sein Land wiederhaben will und mit den Bauern verhandelt.

Herzog Ulrich auf dem Hohentwiel erscheint den Bundesräten als größeres Problem. Man traut ihm zu, die Gegner des Schwäbischen Bundes zu vereinen: die Schweizer Eidgenossen, die Bauern und seine Anhänger. Schweizer Landsknechte kämpfen für ihn, der französische König unterstützt ihn finanziell, und den Hegauer Bauern biedert er sich an – höchst gefährlich! In Ulm ist man sich einig: Erst muss Herzog Ulrich besiegt sein, dann wird man sich mit den Bauern befassen. Also Zeit gewinnen. Im März 1525 verhandeln deshalb die Bundesräte mit Vertretern der Bauern. Ulrich Schmied vom Baltringer Haufen und seine Kollegen stimmen einem bis zum 2. April befristeten Waffenstillstand zu. Der bayrische Kanzler Eck schreibt darüber seinem Herzog Wilhelm IV., genannt der Standhafte, nach München: *Die Bauern sollen gestraft werden nach Notdurft, sobald uns Gott gegen den unsinnigen Mann vom Twiel Glück und Segen gibt. Wir müssen morgen wieder zu den Bauern hinausschicken und mit ihnen einen Anstand machen, so leidlich es geht, damit wir mit allem Volk dem Herzog von Württemberg entgegenziehen können. Gelingt es uns mit dem, dann wollen wir auf dem Heimzug den Bauern also abbrennen, dass sie wollten, sie hätten alles unterwege gelassen.*

Derweil machen sich Gesandte der Haufen im Allgäu, vom Bodensee und in Oberschwaben unter Zusicherung freien Geleits nach Ulm auf, um eine einvernehmliche, friedliche Lösung zu erreichen. Gleichzeitig besuchen Vertreter des Bundes die Bauernhaufen und fördern dort den Eindruck, man befasse sich ernsthaft mit ihren Beschwerden. Doch als der Bund als Voraussetzung für eine schiedsgerichtliche Einigung die vollständige Unterwerfung der Aufständischen fordert, ändert sich die Stimmung in den Bauernhaufen. Am 26. März brennt Schloss Schemmerberg bei Biberach. Auch der Bund hat kein Interesse mehr an einer Verhandlungslösung. Der Wind hat sich gedreht: Der Kaiser hat den Krieg gegen den französischen König gewonnen, Herzog Ulrich ist geschlagen auf den Hohentwiel zurückgekehrt, und Georg von Waldburg hat jetzt den Rücken frei, gegen die Bauernhaufen vorzugehen.

Ulmer Münster.

Kämpfe bei Leipheim und Wurzach

Ende März stellt Truchsess Georg von Waldburg in Ulm sein Heer zusammen, und die Bauern lassen sich nicht mehr länger durch vage Zusagen hinhalten. Bei Leipheim, nahe Ulm, verschanzen sich um die 8000 Bauern an der *Steige*, geschützt im Osten durch das Flüsschen Biber, im Westen durch ein Wäldchen, im Süden durch das sumpfige Ried und im Norden durch eine starke Wagenburg. Am 4. April rückt der Truchsess an.

Es kommt ganz anders, als es sich die Bauern vorgestellt haben. Als die Soldaten angreifen, bricht Panik aus. Die Bauern fliehen Hals über Kopf, verfolgt von den Reitern des Truchsessen, die sie niederstechen oder in die Donau treiben, wo die meisten von ihnen ertrinken. Über 1000 sollen auf dem Schlachtfeld umgekommen sein, 4000 geraten in Gefangenschaft. Der Truchsess hat in seinem Heer einen eigenen Scharfrichter dabei, Berthold Aichelin aus Ulm. Wer zu den Anführern gehört, wird gleich hingerichtet. Dann macht sich der Truchsess ohne Umschweife Richtung Baltringen auf. Bei Laupheim wirft er drei kleinere Bauernhaufen nieder. Wie bei Leipheim werden die Anführer gleich hingerichtet. Sein Ruf eilt dem Truchsessen voraus, und der Kern des bei Baltringen stehenden Bauernheeres löst sich auf. Die meisten Bauern ziehen heim auf ihre Höfe.

Bevor der Truchsess am Dienstag in der Karwoche – es ist der 11. April – weiter Richtung Bodensee zieht, wendet er sich seinem eigenen Herrschaftsgebiet zu, wo Bauern unter der Führung ihres Pfarrers Florian Greisel die Waldburg sowie den Ort und das Schloss Wolfegg, seine Residenz, belagern. Dann stellt sich das Bauernheer am Wurzacher Ried auf, darauf vertrauend, dass der Truchsess hier – im sumpfigen Gelände – seine Reiterei nicht gegen sie einsetzen kann. Davor versuchen sie vergeblich, in die Stadt Wurzach einzudringen. Beide Seiten sind zahlenmäßig etwa gleich stark. Doch der Truchsess hat Kanonen dabei, *achtzehn gueter Stuck*. Drei Salven lässt er auf die Bauern abfeuern, und wie bei Leipheim geben die Bauern ihre Stellungen auf und fliehen in alle Richtungen. Knapp fünfzig kommen dabei zu Tode, vierhundert werden gefangengenommen, die anderen aber entkommen. Zu einem Gefangenen soll der Truchsess gesagt haben: *Was hab ich meinen Leuten Leids getan mein Leben lang, dass ihr einen ehrlosen Pfaffen zu eurem Herrn machen und mich vertreiben wollt? Sie sollen mir nur den Pfaffen überantworten, dann alle Gnad haben.* Dazu kommt es nicht. Die meisten der Bauern, darunter auch Pfarrer Florian Greisel, ziehen Richtung Weingarten, um sich dem Seehaufen anzuschließen, der dort mit 12 000 Mann liegt.

▲ Victor Schivert, Gefecht bei Leipheim, 1891. ▼ Victor Schivert, Gefecht bei Wurzach, 1891.

Die Bilderchronik des Abts von Weißenau

Ostern 1525: Der Bauernhauptmann Stefan Rahl nimmt mit einem Bauernhaufen das reichsunmittelbare Prämonstratenser-Chorherrenstift Weißenau bei Ravensburg ein, während andere Altshausen, Aulendorf und Königsegg besetzen. Dem Weißenauer Abt Jacob Murer gelingt es in letzter Minute, mit seinen Chorherren in das nahe Ravensburg zu fliehen. Wenig später hält er die Stürmung des Klosters in einer Bilderchronik fest.

Die Weißenauer Bilderchronik, eigenhändig vom Abt gezeichnet und geschrieben, ist ein einzigartiges Dokument aus der Bauernkriegszeit. Sie besteht aus 11 doppelseitigen Papierbögen, deren Außenseiten den Begleittext enthalten, während auf den Innenseiten in lebendigen Zeichnungen das Kloster in seiner Umgebung und die Geschehnisse von der Bestürmung durch die Bauern bis zur erneuten Huldigung dargestellt sind. Auf einem Doppelbogen ist die Flucht des Abtes und der Chorherren aus dem Kloster zur nahen Stadt Ravensburg zu sehen, der Abt mit einem bewaffneten Knecht zu Pferd, die Chorherren zu Fuß und in höchster Eile. Querfeldein laufen sie mit sakralen Gegenständen, die sie zu retten suchen. Derweil spricht der Bauernhauptmann am Tor des Klosters zu den mit Spießen, Gabeln und Flinten bewaffneten Bauern. Auf anderen Zeichnungen wird gezeigt, wie Bauern das Kloster plündern. Murer schreibt dazu: *Essen und Trinken, voll sein, einander schlagen, Türen zerschlagen, nehmen was ihnen gefiel aus dem Kloster, Frauen wie Männer.*

Der künstlerisch begabte Abt Jacob Murer stammt aus Konstanz, wo er um das Jahr 1490 geboren wird. Sein Vater gehört der Zunft der Maler an. Murer tritt als Mönch ins Kloster Weißenau ein, wo er 1523 zum Abt gewählt wird. Das Original der Bilderchronik wird im Archiv des Schlosses Zeil aufbewahrt, doch stehen der breiten Öffentlichkeit hochwertige Faksimileausgaben zur Verfügung.

Die Chorherren überleben den Sturm auf ihr Kloster hinter den schützenden Mauern der Reichsstadt Ravensburg unbeschadet. Nach dem Vertrag von Weingarten können sie zurückkehren. Der Abt lässt sich nach dem Ende des Bauernkriegs von den Bauern, die zum Klöster gehören, erneut huldigen. Auch das hat er auf einem Bildbogen dargestellt: Im Hof des Klosters sind die Bauern angetreten. Oben steht der Abt mit seinen Chorherren. Einer von ihnen zeigt auf den neuen Huldigungsvertrag, und die versammelten Bauern erheben die Hand zum Schwur. Dazu schreibt der Abt: *Da liefen sie alle, ein Dorf nach dem anderen, in das Gotteshaus, mir zu schwören. Also auf ihre Bitte und großes Zusagen, es nie mehr zu tun, sagten, sie wären verführt worden, ließ ich sie mir den Eid schwören.*

Bauern leisten den neuen Huldigungseid (Weißenauer Bilderchronik).

Eitelhans Ziegelmüller und der Seehaufen

Er ist einer der schillerndsten Figuren des Bauernkriegs: Eitelhans Ziegelmüller, seit dem 10. Februar 1525 Amtmann des vorderösterreichischen Bezirks Ailingen, aber auch seit Anfang März 1525 Hauptmann des Seehaufens. Nach dem Ende des Bauernkriegs macht er richtig Karriere, trotz – oder wegen – seiner Rolle im Bauernheer?

Ziegelmüller ist einer der vier Söhne des Oberteuringer Müllers. 1510 überträgt ihm das Stift St. Johann in Konstanz die Teuringer Mühle als Lehen. Er gehört der bäuerlichen Oberschicht an, pflegt gute Verbindungen zur Landesherrschaft, scheint aber auch bei den Bauern eine Vertrauensstellung zu genießen. Im Kehlhof in Bermatingen residiert er mit einer Leibwache und zwölf *Trabanten*. Ihm zur Seite steht ein Ausschuss von Bauernräten. Dörfer, die sich dem Seehaufen anschließen, leisten pro hundert Einwohner einen Beitrag von fünf Gulden. Viele ehemalige Landsknechte schließen sich dem Seehaufen an, auch Geistliche. Ende März nimmt Ziegelmüller das reiche Kloster Salem ein. Am 3. April huldigen die Mönche dem Bauernhaufen. Das Kloster bleibt daraufhin unzerstört. Am selben Tag ergibt sich auch Meersburg. In einer Chronik des fürstbischöflichen Alten Schlosses findet sich folgender Vers: *Itelhans Ziegelmüller mit dem Seehaufen naht, / der Vogt Kilian Reichlin in der Burg herinn war, / die aufständischen Bauern nahmen sie ein! / Doch löste sie der Bischof mit saurem Wein.* Vermutlich hat Ziegelmüller bei diesem Handel seine Finger im Spiel. Denn auch in Meersburg sehen die Bauern von einer Zerstörung ab. 14 Tage später steht der Seehaufen mit einem Heer von um die 12 000 Mann vor Weingarten, um sich dem etwa halb so starken Heer des Schwäbischen Bundes zu stellen. Auf den Höhen lässt Ziegelmüller Geschütze positionieren. Als Truchsess Georg von Waldburg die Lage überblickt, schlägt er Ziegelmüller einen Vertrag vor, der als *Vertrag von Weingarten* in die Geschichte des Bauernkriegs eingeht. Ob dieser als Erfolg gewertet werden kann, darüber streiten sich die Gelehrten. Jedenfalls beendet er den Bauernaufstand in der Bodenseeregion. Der Karriere Ziegelmüllers scheint sein diplomatisches Geschick genutzt zu haben. Vier Jahre später ist er Abgeordneter der Landvogtei Schwaben in Innsbruck. Dann kämpft er für den Kaiser als Hauptmann im Türkenkrieg. 1541 wird er hoher Beamter in der Landvogtei Oberschwaben. 1545 stirbt er als Ritter. Sein Grabstein ist in der Kirche St. Martin in Oberteuringen gleich neben dem Eingang zu finden. Er zeigt ein prächtiges Wappen mit Helmzier, einen Ritter mit erhobenem Schwert und einen Geistlichen, der das Wappen mit Weihwasser segnet.

Grabmal von Eitelhans Ziegelmüller in der Kirche von Oberteuringen.

Der Vertrag von Weingarten

An Ostern 1525 stehen sich bei Weingarten die Heere des Schwäbischen Bundes und des Seehaufens gegenüber. Der Seehaufen ist in einer besseren Position. Auf den Höhen hat er Geschütze aufgebaut. Seinen 12 000 Landsknechten und Bauern stehen 7000 Landsknechte des Schwäbischen Bundes gegenüber. Da lässt Truchsess Georg von Waldburg den Angriff abblasen und macht den Bauern ein Verhandlungsangebot.

Was treibt ihn dazu? Wegen dieses Vertrages, der den Bauern entgegenkommt und sie als Verhandlungspartner akzeptiert, muss sich Georg Truchsess von Waldburg einige Vorwürfe anhören. Zu Unrecht, sagt der Historiker Günther Franz, denn nach zwei siegreichen, aber auch verlustreichen Schlachten kann der Truchsess eine Niederlage des Schwäbischen Bundes gegen ein Bauernheer nicht riskieren. Es gibt kein weiteres fürstliches Heer in Süddeutschland, das sich gegen die Bauern stellen könnte.

Und die Bauern? Eingeschüchtert durch die bisherigen Niederlagen gegen den Truchsess und auch durch Fürsprache ihres Bauernhauptmanns Eitelhans Ziegelmüller gehen sie am 17. April 1525 auf das Angebot ein, das ihnen Gesandte aus Ravensburg, die als Vermittler fungieren, übermitteln. Es sichert ihnen Straflosigkeit zu, wenn sie nach Hause gehen und weiter brav Abgaben bezahlen. Ihren bisherigen Herrschaften müssen sie erneut huldigen. Die Christliche Vereinigung und die Oberschwäbische Eidgenossenschaft werden aufgelöst. Dafür werden ihre Forderungen einem unabhängigen Schiedsgericht übergeben, das bei Konflikten zwischen den Feudalherren und den Bauern die Entscheidungen trifft. Es soll aus Vertretern der Städte zusammengesetzt sein. Und den Bauern wird das Recht zugesichert, weiterhin Waffen zu tragen. Martin Luther im fernen Wittenberg ist voll des Lobes. Der Vertrag sei *eine besondere Gnade Gottes,* sehr vernünftig und stimme ihn hoffnungsvoll. Mit dem Vertrag kehrt in Oberschwaben Friede ein. Andere Haufen der Region nehmen den Vertrag nachträglich an. Der Allgäuer Bauernführer Jörg Schmid, genannt Knopf, lehnt dagegen wütend eine Übernahme ab. Doch der Widerstand der Allgäuer führt im Juli 1525 dazu, dass sie sich unterwerfen müssen.

Der Vertrag von Weingarten ist weit entfernt von den Forderungen der Zwölf Artikel der Bauern, doch bringt er einige Verbesserungen für sie. Dem Truchsess aber verschafft er die Möglichkeit, sein Heer gegen die Bauern in Württemberg und in Franken neu aufzustellen. Ohne Folgen blieb der Vertrag nicht. Günther Franz: *Der Bauernaufstand in Oberschwaben als schöpferische, die ganze Bewegung bestimmende Macht hatte mit dem Weingartener Vertrag sein Ende gefunden.*

Festzug beim Weingartener Welfenfest.

1525
Bauernkrieg
Vertrag von
Weingarten

IV. WÜRTTEMBERG, KRAICHGAU, BADEN

Der Hohenstaufen muss brennen!

Am Ostermontag, dem 17. April 1525, versammeln sich Bauern aus Gaildorf, Ellwangen, Murrhardt, den Herrschaften Adelmann, Hohenstein, Rinderbach, den Ämtern Hohenstaufen und Hohenrechberg und den Reichsstädten Schwäbisch Gmünd und Schwäbisch Hall. Zuerst marschieren sie zum Benediktinerkloster Murrhardt.

Zu ihrem Hauptmann wählen sie den Vogt Philipp Fierler, als Kanzler Pfarrer Heinrich Held aus Bühlertann. Bevor die Bauern anrücken, haben die Mönche das Kloster geräumt und die wichtigsten Akten zum Kloster Lorch unter dem Hohenstaufen gebracht. Umso aufgebrachter wüten die Bauern. Besonders haben sie es auf die Zinsbücher abgesehen. Sie plündern im Kloster und in der Stadtkirche. Doch legen sie kein Feuer. Dann strömen die Bauern Richtung Lorch. Abt Sebastinus Sitterich wendet sich nach Schorndorf um Hilfe und beklagt, *seine Untertanen hätten ihm aufs höchste verboten, auch nur einen Schuss aus dem Kloster zu tun.* Sie bezeichneten das Kloster gar als *Haus des Teufels.* Fünf Tage belagern die Gaildorfer Kloster Lorch, dann muss es sich den Bauern öffnen, die gleich zum Klosterarchiv vordringen und Feuer legen. Dann ziehen sie zum Prämonstratenserkloster Adelberg und schließlich zum Hohenstaufen. Die Burg dort oben ist mit schweren Waffen versehen. Eine friedliche Übergabe lehnt die Burgbesatzung ab. Den ersten Angriff wehren die 32 Verteidiger unter dem Burgkommandeur Hans Michael Reuß von Reußenstein ab, aber der Übermacht des zweiten Ansturms sind sie nicht gewachsen. Reuß lässt auf dem Burghof Geschütze positionieren, dann lässt er sie gleichzeitig abfeuern. Es gibt einen ohrenbetäubenden Lärm und einen starken Pulvernebel, den die Besatzung nutzt, um durch das Tor zu entweichen. *Reuß nimmt Reißaus,* spotten ihm die Bauern hinterher. Wer noch von den Verteidigern aufgegriffen werden kann, landet kopfüber im Burggraben. Burg Hohenstaufen wird nun gründlich geplündert und anschließend abgebrannt. Die Geschütze werden nach Gaildorf gebracht. *Von dem einst wohlgestalteten Körper sahen wir nur noch ein Skelett,* schreibt 1588 Martin Crusius, Professor aus Tübingen, nachdem er die Burgruine besucht hat. Matern Feuerbacher, Hauptmann der Bottwartäler, zeigt sich entsetzt von der Zerstörungswut der Gaildorfer und teilt ihnen mit, dass er an einer Zusammenarbeit mit ihnen kein Interesse habe.

Victor Schivert, Brand der Burg Hohenstaufen, 1891.

Bauernlager auf dem Wunnenstein

Zur selben Zeit, als bei Weingarten sich die Heere des Seehaufens und des Schwäbischen Bundes gegenüberstehen, geraten auch die Weinbauern im württembergischen Bottwartal in Aufruhr. Lange haben sie gezögert. Doch dann kommt die wenig sensible Aufforderung der Regierung, sie sollten ein Aufgebot von 30 Mann zusammenstellen, um gegen die aufständischen Bauern rund um Heilbronn zu ziehen.

Matern Feuerbacher, Ratsherr und Wirt in der Amtsstadt Großbottwar, Angehöriger der *Ehrbarkeit*, soll den Zug führen. Auf dem Rathaus wird den dienstverpflichteten Männern am Ostersonntag, dem 16. April 1525, ein Abschiedstrunk gereicht. Doch ein Teil der Mannschaft weigert sich. Schließlich verlassen alle unter Protest das Rathaus. Matern Feuerbacher berät sich mit dem Vogt, der ihn bedrängt, auf die Leute mäßigend einzuwirken. Aber die sind längst nicht mehr im Ort. Mit einer Schar von an die 200 Bauern ziehen sie auf den Wunnenstein. Oben auf dem Berg steht die uralte Wallfahrtskirche, St. Michael geweiht. Dort läuten sie die Glocke, und aus den Dörfern der Umgebung strömen bald Junge und Alte in Harnisch und Wehr auf den Berg. Am Abend und in der Nacht leuchten große Wachfeuer. Da kommt Matern Feuerbacher auf den Wunnenstein und spricht zu ihnen. Doch mit seinem Aufruf zur Mäßigung dringt er nicht durch. Im Gegenteil. Er soll ihr Hauptmann werden und ihre Forderungen gegenüber der Obrigkeit vertreten, notfalls mit Gewalt, fordern sie. Feuerbacher lehnt ab. Als ihn die Bauern nötigen, wenn er nicht bereit dazu wäre, würden sie sein Haus anzünden, nimmt er schließlich an.

Am nächsten Morgen lassen sich die Bauern auf dem Wunnenstein die Messe lesen. Dann beginnen Beratungen. Drei Tage dauern die Verhandlungen. Indes wird der Zulauf auf den *Heiligen Berg* immer größer. Schließlich sind einige Tausend rund um den Wunnenstein versammelt. Feuerbacher ist die meiste Zeit unterwegs. Er führt Verhandlungen mit Ortsadeligen, Bürgermeistern und mit Bauernführern der Umgebung. Die Abgaben seien zu hoch. Die Predigten der Pfarrer seien unehrlich und entsprächen nicht dem Evangelium. Die Bauern forderten Recht und Gerechtigkeit. Ein großer Landtag soll auf freiem Feld stattfinden. Die Delegierten aus dem Ämtern lehnen das ab. Da rufen die Bauern zu einem Zug in die Landeshauptstadt Stuttgart auf. Über Ottmarsheim geht es zunächst nach Gemmrigheim. Als die Abgesandten aus dem Marbacher Amt den zuvor abgelehnten Landtag anbieten, antwortet ihnen Feuerbacher, dafür sei es nun zu spät, *man habe genug gelandtagt.* Stattdessen fordert er sie zum Anschluss an den Bauernhaufen auf.

Victor Schivert, Bauernlager auf dem Wunnenstein, 1891.

Matern Feuerbacher

Er gehört zu den wenigen Hauptleuten des Bauernkriegs, die ungeschoren davonkommen. Dabei befehligt er zeitweise rund 10 000 aufständische Bauern. Mehrfach muss er sich gegen Vorwürfe radikaler Bauern zur Wehr setzen. Und doch verfolgt er eine konsequente Linie und genießt hohes Ansehen, auch bei seinen Gegnern.

Sein Vater ist Schultheiß im württembergischen Amtsstädtchen Großbottwar, wo er um 1484 geboren wird. Als der Bauernkrieg beginnt, ist Matern Feuerbacher Gastwirt und Ratsherr in Großbottwar. Ostern 1525 versammeln sich die Bauern der Umgebung auf dem Wunnenstein und haben Feuerbacher zu ihrem Hauptmann ausersehen. Feuerbacher bespricht sich mit dem Großbottwarer Vogt Hans Heinrich Schertlin, dann mit Ritter Ludwig Spät von Höpfigheim und dem Vogt im nahen Marbach. Beide raten ihm zu, die Forderung der Bauern, er solle ihr Hauptmann werden, notfalls anzunehmen, aber gleichzeitig mäßigend auf sie einzuwirken. Schließlich gibt er nach, reitet auf den Wunnenstein und redet zu den Bauern. Sie sollen sich nicht dem fränkischen Hellen Haufen anschließen, sondern im Land Württemberg bleiben und dort ihre Forderungen vorbringen. Er lässt sich breitschlagen und wird ihr Hauptmann. Für die Adeligen der Umgebung stellt er Schutz- und Schirmbriefe aus. Nicht alle im württembergischen Bauernlager sind damit einverstanden und werfen ihm eine zu weiche Haltung vor. Als Bauern einen Ritter in der Umgebung aufgreifen und berauben wollen, verteidigt ihn Feuerbacher: *Gesellen, wann es die Meinung hat, so hättet ihr mich können zu Hause lassen und hättet mich nicht sollen drängen, euer Hauptmann zu sein. Ich bin nicht ausgezogen, einen Edelmann oder sonst wen zu beleidigen. Plündern ist nicht evangelisch, noch göttlich.*

Mehrfach wird gegen ihn geputscht, doch fast immer setzt er sich schließlich durch. Jäcklein Rohrbach und seiner Schar, Hans Wunderer und seinen Stocksbergern erscheint er zimperlich. Die Gaildorfer, die sich ihm anschließen wollen, weist er zurück. Er will das Heft in der Hand behalten. Das gelingt ihm bis kurz vor der Entscheidungsschlacht bei Böblingen. Da wird er abgesetzt. Bernhard Schenk von Winterstetten, ein Ritter aus einer angesehenen Adelsfamilie, wird sein Nachfolger im Bauernheer. Nach der Niederlage der Bauern wird Feuerbacher in Rottweil verhaftet. Doch zahlreiche Adelige setzen sich bei seinem Prozess für ihn ein. Schließlich wird er freigesprochen und geht nach Zürich, wohin ihm seine Familie folgt. Württembergischen Boden betritt er nicht mehr. In späteren Jahren nimmt er eine Stelle als markgräflicher Küchenmeister am badischen Hof in Pforzheim an.

Victor Schivert, Feuerbacher und die meuternden Bauern, 1891.

Der Zug nach Stuttgart

Immer mehr Bauern strömen Feuerbacher zu. Bietigheim wird eingenommen, Horrheim, Markgröningen und Vaihingen an der Enz. In Bietigheim findet am 22. April eine Verhandlung zwischen Feuerbacher und Delegierten aus Stuttgart statt. Darunter ist auch der Maler Jörg Ratgeb, Schöpfer des Herrenberger Altars und vieler anderer sakraler Meisterwerke.

Jörg Ratgeb ist seit Kurzem Ratsherr in Stuttgart. Nachdem die Regierung und viele vom Stadtrat die Stadt verlassen hatten, um sich vor den Bauern in Sicherheit zu bringen, ist er von den Stuttgartern in den Rat gewählt worden. Man weiß, dass er Sympathien für die Sache der Bauern hat. Ratgeb setzt sich für eine Verschonung Stuttgarts ein. Auch Einquartierungen will er vermeiden. Dafür sagt er die Lieferung von Fleisch, Brot und Wein zu. Tatsächlich machen die Bauern auf der Prag im Norden der Landeshauptstadt halt, bis sie von einem Unwetter mit Hagel überrascht werden. Da werden alle Planungen über den Haufen geworfen, und Tausende Bauern strömen in die Stadt, ohne dort auf Widerstand zu stoßen.

Auf dem Rathaus versichert Feuerbacher den versammelten Ratsherren, dass sie nur eine christliche Ordnung durchsetzen wollten. Dafür müsste sich ihnen aber das ganze Land anschließen und auch Stuttgart eine bewaffnete Mannschaft mit einem Hauptmann stellen. Das sagen die Ratsherren zu. Sogleich machen sich die Schreiber an die Arbeit und fertigen vierzig Dokumente an Städte und Adelige aus, dass sie ebenso wie Stuttgart sich dem Hellen christlichen Haufen anschließen sollten. Im Bebenhauser Pfleghof werden sechs Fässer Wein beschlagnahmt. Die Stuttgarter Priesterschaft muss 400 Gulden bezahlen. Zerstörungen gibt es keine. Nur zwei Tage bleibt Stuttgart besetzt. In dieser Zeit organisiert Feuerbacher sein Heer neu, bestellt Schatz-, Straf- und Beutemeister. Jörg Ratgeb schließt sich als Kanzler und Kriegsrat dem Bauernheer an.

Feuerbacher verhandelt auch mit Esslingen, wenige Kilometer südlich von Stuttgart. Die stark befestigte Stadt weist jedoch die Bauern zurück. Wer sie denn ermächtigt habe, eine freie Reichsstadt zum Anschluss aufzufordern? Feuerbacher lässt antworten, er wolle bloß wissen, *ob sie sich auch der christlichen Ordnung gemäß halten wollen.* Der Esslinger Rat schreibt zurück, sie sollten hinreiten, wo sie hergekommen seien. Darauf rückt eine Abteilung der Bauern gegen das vor den Mauern Esslingens liegende Kloster Weil vor. Doch die Esslinger vertreiben sie durch heftigen Beschuss. Anschließend plündern und zerstören die Bauern das auf der anderen Seite der Stadt liegende Kloster Sinau und rücken ab.

Bietigheimer Rathaus von 1507.

Streit um die Zerstörung der Burg Teck

Ende April lagert das rund 10 000 Mann starke Bauernheer vor der württembergischen Stadt Kirchheim unter der Teck. Der Vogt hat sich bereits auf die Burg Hohenneuffen in Sicherheit gebracht. Die Stadt leistet kaum Widerstand. Die Bauern versorgen sich in den herrschaftlichen Weinkellern und Getreidelagern mit Proviant, dann plündern sie das Haus des Vogtes und das leerstehende Dominikanerinnenkloster. Doch was soll mit Burg Teck geschehen?

Die alte Herzogsburg der Zähringer aus dem 12. Jahrhundert haben die Bauern schnell besetzt. Feuerbacher will sie unzerstört lassen. Lediglich die Geschütze sollen vom Berg heruntergeholt werden. Er und der Stuttgarter Hauptmann Theus Gerber schreiten gegen die um sich greifende Disziplinlosigkeit der Bauern ein. Theus Gerber: *Ihr Buben, wie könnt ihr euer böses Wesen und Übelhalten vor Gott und der Ehrbarkeit verantworten?* Feuerbacher ordnet an, dass den Bauern zweimal am Tag gepredigt wird. Gotteslästerungen und Zutrinken werden streng verboten. Der Helle christliche Haufe sei da, um das Evangelium durchzusetzen. Einen Scharfrichter hat er dabei, der einen, der sich beim Plündern besonders hervorgetan hat, aufhängt. Doch bald kommt es zum Streit zwischen den gemäßigten Bauernführern und den Radikalen um den Stocksberger Hauptmann Hans Wunderer. Sie sind der Meinung, dass mit der Zerstörung der Festung hoch über der Stadt ein Zeichen gesetzt werden müsse. Am 3. Mai schickt Wunderer eine Schar seiner Leute unter Hans Mezger aus Besigheim hinauf und lässt sie abbrennen. Daraufhin droht Feuerbacher damit, als Hauptmann zurückzutreten, ganz zur Genugtuung von Wunderer, der fordert, ihn endlich durch die Spieße zu jagen. Doch die gemäßigten Führer setzen sich durch und Feuerbacher bleibt.

Urach wird aufgefordert, sich zu ergeben und sich dem Haufen anzuschließen. Vogt Dietrich Spät lehnt entrüstet ab und gibt dem Boten einen Brief mit: *An die Lotterbuben, die sich Oberste und Hauptleute schreiben.* Darin teilt er ihnen mit, wenn sie ihm wieder Boten mit derartigen Forderungen schickten, würde er sie gleich vor der Stadt aufknüpfen lassen. Doch schickt er selbst seinen Stadtschreiber Hans Vogler zu den Bundesräten und bittet um Hilfe: denn die Zahl der Bauern sei groß, 10 000 oder mehr. Die Räte verweisen Vogler an die Reichsstadt Reutlingen, die aber antwortet, sie könne beim besten Willen keine Soldaten schicken, denn die Bauern zögen schon das Ermstal hinauf gegen die Stadt. Den ursprünglichen Plan, über Urach nach Tübingen zu ziehen, gibt Feuerbacher auf, denn das Heer des Schwäbischen Bundes ist im Anmarsch.

Victor Schivert, Eroberung der Teck, 1891.

Die Schlacht bei Böblingen

Feuerbacher, Hauptmann der Württemberger, hat sich entschieden, dem Heer des Schwäbischen Bundes, geführt von Truchsess Georg von Waldburg, entgegenzuziehen. In Degerloch schreibt die Bauernkanzlei eine Reihe von Städten und Adeligen an, mit ihnen für das Evangelium zu kämpfen.

Jäcklein Rohrbach führt ihm über 1000 Mann aus dem Zabergäu zu. Thomas Maier bringt Bauern aus dem Nordschwarzwald, auch der Göppinger Vogt Jakob von Bernhausen trifft mit Verstärkung ein. In Sindelfingen halten die Bauern einen großen Rat ab. Bürgermeister aus 30 Ämtern sind dabei. Mit Herzog Ulrich wird verhandelt. Die Stadt Herrenberg soll eingenommen werden. Am 9. Mai 1525 stehen rund 12 000 Bauern mit 33 Geschützen vor der Stadt. Herrenberg will sich nicht ergeben und wird von einer Truppe bayrischer Landsknechte verteidigt. Aber nach drei Angriffswellen brennt es in der Stadt lichterloh. Löschen oder verteidigen? Die Bürger entscheiden sich fürs Löschen und geben die Stadt auf. Doch gleich nach der Plünderung ziehen die Bauern schon Richtung Böblingen ab. Was ist geschehen? Der Truchsess ist da! Im Bauernheer bricht Chaos aus. Feuerbacher wird abgesetzt, die militärische Führung übernimmt der Adelige Bernhard Schenk von Winterstetten. Das Bauernheer nimmt zwischen Böblingen und Sindelfingen Aufstellung. Es ist doppelt so stark wie das Heer des Schwäbischen Bundes mit 6000 Landsknechten und 1500 Reitern, das – unbeeindruckt von der Überzahl des Gegners – auf Böblingen vorrückt. Böblingen befindet sich – anders als Sindelfingen – nicht in der Hand der Bauern. Ein schwerer Fehler! Die Stadtoberen verhandeln nun mit dem Truchsess, sie wollen ihm die Stadt öffnen, wenn er sie verschone. Das sagt er zu. Doch als eine Abteilung des Bauernheers am Oberen Tor erscheint, dreht sich die Stimmung in der Stadt. Der Truchsess aber lässt die Böblinger wissen: *Ihr habt euch an mich ergeben, und wenn ihr euch nicht daran haltet, will ich euch, sofern mir Gott den Sieg gibt, alle samt Weib und Kind erwürgen, dazu die Stadt schleifen und kein Barmherzigkeit mit euch teilen.* Da lassen die Böblinger die Soldaten des Truchsessen ein. Aber das Hauptheer des Schwäbischen Bundes rückt weiter gegen die Stellung der Bauern hinter der Stadt vor. Diese weichen in Panik zurück, verfolgt von den Reitern, die sie bis zur Stuttgarter Weinsteige jagen und niederstechen, wen sie erwischen. Viele tausend Bauern bleiben tot auf dem Schlachtfeld liegen, dagegen verliert der Truchsess lediglich zwanzig Reiter und 15 Fußknechte. Er teilt dem Schwäbischen Bund in Ulm mit: *Hat uns Gott den Sieg verliehen, dass sie zu Stund an in die Flucht bracht.*

Bildwerk von Lutz Ackermann zur Erinnerung an die Schlacht bei Böblingen.

Deutsches Bauernkriegsmuseum Böblingen

In der Böblinger Zehntscheuer aus dem 16. Jahrhundert befindet sich seit 1988 das Deutsche Bauernkriegsmuseum. Im Mittelpunkt steht die Entscheidungsschlacht zwischen den württembergischen Bauern und dem Heer des Schwäbischen Bundes vom 12. Mai 1525. Aber auch die Hintergründe des Bauernkriegs werden anschaulich vermittelt.

Zwar ist die Böblinger Zehntscheuer erst einige Jahrzehnte nach dem Bauernkrieg erbaut worden, doch hat sie einen deutlichen Bezug zum Geschehen: Ursprünglich lagerte die Herrschaft hier die Naturalabgaben der Bauern ein, deren Beschränkung und zweckgebundene Verwendung die Bauern im Bauernkrieg forderten. Heute wird in ihrem Innern auf mehreren hundert Quadratmetern Ausstellungsfläche an den großen Freiheitskampf des Volkes zu Beginn des 16. Jahrhunderts erinnert, als wichtigen Meilenstein in der deutschen Demokratiegeschichte und eine der größten Massenerhebungen der deutschen Geschichte. Figurengruppen stellen die Lebenswirklichkeit der Bauern zur Zeit des Bauernkriegs dar. Eine historische Druckerpresse macht die Bedeutung der Vervielfältigung von Flugschriften für Bauernkrieg und Reformation deutlich. Waffen des Bauernkriegs sind zu sehen: Morgensterne, aufgebogene Sensen, Harken, Dreschflegel, Geschütze und Gewehre, außerdem Originaldokumente wie ein Erstdruck der *Zwölf Artikel*.

Ein Diorama, vier Meter lang und 1,50 Meter breit, zeigt mit 1200 bemalten Zinnfiguren den rekonstruierten Ablauf der Schlacht bei Böblingen. Landsknechte des Schwäbischen Bundes bringen ihre Geschütze in Stellung, Reiter stürmen in voller Rüstung und mit angelegten Lanzen auf die Bauern los, die sich mit Spießen, Beilen und Sensen verteidigen. Einzelne Akteure lassen sich ausmachen wie Georg Truchsess von Waldburg oder der oberste Feldhauptmann der Bauern, Bernhard Schenk von Winterstetten. Szenenbilder zeigen den Verlauf vom Anrücken des Bundesheeres bis zur kopflosen Flucht der Bauern. Im Mittelpunkt der Ausstellung macht eine Installation mit Ritterrüstungen und Lanzen, denen die bäuerlichen Waffen gegenübergesetzt sind, das Ungleichgewicht der Kräfte deutlich und lässt ahnen, weshalb trotz deutlicher Überzahl die Bauern diese Schlacht verloren haben. Weitere Gründe dafür waren die Uneinigkeit, Disziplinlosigkeit und die Auseinandersetzungen der Bauernführer. Vom Sindelfinger Goldberg bis zum Böblinger Galgenberg zieht sich ein Skulpturenpfad mit sieben Stationen und Denkmälern von sechs einheimischen Künstlerinnen und Künstlern zum Bauernkrieg, erläutert durch Informationstafeln zum Kriegsgeschehen und zu den einzelnen Kunstwerken.

Deutsches Bauernkriegsmuseum in der Zehntscheuer in Böblingen.

Die Hinrichtung des Jäcklein Rohrbach

Für die Weinsberger Bluttat soll er persönlich verantwortlich sein. Andererseits blieb Kloster Maulbronn, heute UNESCO-Welterbe, durch sein Einschreiten im Bauernkrieg unzerstört. Grausam war sein Ende. Vor seinem Heimatort Böckingen ließ ihn der *Bauernjörg* hinrichten.

Peter Harer hat die Szene in seiner Chronik *Wahrhafte und gründliche Beschreibung des Bauernkriegs* bildlich festgehalten. Harer (auch Harrer oder Haarer geschrieben) hat den Feldzug Kurfürst Ludwigs V. gegen die Bauern als kurpfälzischer Kanzleischreiber persönlich mitgemacht. So gilt seine Beschreibung quasi als amtlicher Kriegsbericht:

Jacob Rohrbach hatt Auffruhr gerathen, / des muss er werden gebraten, / bey Neckergartach an einer Weyden, / must er des feurs Flam leyden. / Bis er sein Leben Endt, / Sein leip zu Pulver ward verbrendt, / Jacob Rohrbachs von Böckingen, des Auffrührers todt.

Nach der Niederlage der Bauern in der Schlacht von Böblingen lässt der Burgvogt von Asperg den flüchtigen Rohrbach zwischen Vaihingen und Markgröningen aufgreifen und auf dem Asperg einige Tage festhalten, bis er ihn an den vorbeiziehenden Heerführer des Schwäbischen Bundes, Truchseß Georg von Waldburg, genannt *Bauernjörg*, ausliefern kann. Der nimmt ihn mit vor die Tore der Reichsstadt Heilbronn, um ihn dort zwischen den beiden heilbronnischen Dörfern Böckingen und Neckargartach in einem spektakulären Fanal am 21. Mai 1525 bei lebendigem Leib zu verbrennen.

Rohrbach ist Leibeigener, aber nicht unvermögend. In Heilbronn ging er zur Schule und nahm 1519 im Aufgebot der Reichsstadt Heilbronn an einem Feldzug gegen Herzog Ulrich teil. Als die Reichsstadt danach von ihren Dörfern zur Deckung der Kriegskosten die dreifache Steuerlast verlangt, weigert sich Rohrbach, zu zahlen. Auch dem Ritterstift Wimpfen verweigert er Abgaben, die er für den Wimpfener Stiftshof, den er in Böckingen bewirtschaftet, schuldig ist. Anfang April sammelt er in den reichsstädtischen Dörfern Flein und Böckingen sowie in Sontheim, das dem Deutschen Orden gehört, weitere Mitstreiter und zieht mit seinen *Neckartälern* nach Kloster Schöntal, um sich mit den *Odenwäldern* zum *Hellen Haufen* zu vereinigen. Am 12. April plündert er Kloster Lichtenstern, zwei Tage später ist er an der Einnahme Neckarsulms beteiligt, von wo er am 16. April nach Weinsberg zieht. Dort sitzt er zu Gericht über den württembergischen Obervogt Graf Helfenstein und weitere adelige Amtsträger, jagt sie durch die Spieße, gerät deshalb mit anderen Bauernführern in Streit und verlässt mit seinen Anhängern den *Hellen Haufen*, um sich dem württembergischen Bauernheer Matern Feuerbachers anzuschließen.

Hinrichtung von Jakob Rohrbach (genannt Jäcklein), Peter Harer 1551.

29
fol 23
Biß er sein leben ende,
Jacob Rohrbach von

OTEL KRONE

Bretten leistet Widerstand

Der Kraichgau ist im Aufstand, und das kurpfälzische Bretten rückt bald ins Zentrum des Interesses der Bauernhaufen, denn hinter der als fast unbezwingbar geltenden Stadtbefestigung hat sich Mitte April 1525 ein Kaufmannszug mit Wagen voller kostbarer Waren im Wert von an die 200 000 Gulden in Sicherheit gebracht. Er ist auf der Rückreise von der Frankfurter Messe.

Kurfürst Ludwig V. von der Pfalz bittet inständig, die Sicherheit der Kaufleute zu gewährleisten, denn sie stehen unter seinem Geleitschutz. Doch die vereinigten markgräflich-badischen und Kraichgauer Haufen senden aus dem eroberten Herrenalb Drohbriefe nach Bretten, die Waren auszuliefern, sonst wollten sie kommen und sie sich holen. Auch entsprechende Briefe aus Stuttgart vom württembergischen Haufen treffen ein, ebenso vom Zabergäuer Haufen. Wie soll sich die Stadt entscheiden?

Alle wehrfähigen Bürger und Bürgersöhne werden zu den Waffen gerufen, ebenso alle Dienstleute, sogar die Geistlichen und die ältesten Schüler der Lateinschule. Auch die Fuhrknechte des Kaufmannszugs beteiligen sich an der bevorstehenden Verteidigung. Die Türme werden mit Scharfschützen besetzt, die Geschütze in Position gebracht. Die Hausfrauen dürfen das Herdfeuer nicht ausgehen lassen, damit man im Verteidigungsfall schnell siedendes Wasser zur Verfügung hat, um es von den Mauern über die Angreifer schütten zu können. Wachen mit scharfen Hunden streifen in der Nacht vor der Stadt, um ein Heranrücken des Feindes melden zu können. Aber es gibt auch Forderungen in der Stadt, sie den Bauern zu öffnen, besonders unter der ärmeren Bevölkerung. So verbietet der Rat vorsichtshalber allen Männern, die Stadt zu verlassen. Er befürchtet, dass sie sich den Bauern anschließen und Schwachstellen der Befestigung verraten könnten.

Schließlich müssen die Lebensmittel rationiert werden, was die Unzufriedenheit der Bevölkerung steigert. Um den zunehmenden Aufruhr zu dämmen, geben begüterte Bürger kostenlosen Wein aus, und vor dem Rathaus beginnt man, Brot zu verteilen. Da trifft die Nachricht ein, dass der Kraichgauer Haufen unter Pfarrer Anton Eisenhut auf Bretten zumarschiere. Die Glocken läuten und rufen die Bürger zu einer Vollversammlung zusammen. Ein Teil fordert sofortige Verhandlungen mit den Bauern, was die Führung der Stadt ablehnt. Erst das beherzte Auftreten des Kronenwirts Melchior Heckel und dessen Versprechen, jeden Hungrigen zu versorgen, lässt den Tumult abebben. Dann ändert sich Mitte Mai 1525 die Lage schlagartig durch die Niederlagen der Bauern, und der Kaufmannszug wagt es, Bretten zu verlassen. Am 16. Mai erreicht er Ulm.

Pfeiferturm in Bretten, um 1400 als Teil der Stadtbefestigung erbaut.

Vom Markgrafen verraten

Palmsonntag, 9. April 1525: In Berghausen im Pfinztal versammeln sich um die 2000 Bauern der Markgrafschaft Baden-Durlach. Sie wollen *Evangelium und Gerechtigkeit helfen handhaben* und fordern freie Nutzung der Weideflächen und der Wasserläufe sowie die Abschaffung der Zölle.

Den Markgrafen Philipp wollen sie weiterhin als ihren Herren anerkennen, denn er gilt als verhältnismäßig vernünftig und ist auch bisher nicht wegen Gewalttätigkeiten oder verschwenderischer Hofhaltung aufgefallen. Als 1514 drüben im Württembergischen der Aufstand des *Armen Konrad* losging, schickte er Schreiber in die Dörfer der Markgrafschaft, um die Beschwerden der Bauern aufzunehmen. Aber seit elf Jahren hat sich nichts geändert. Nun schwören die versammelten Pfinztäler auf die Zwölf Artikel und beschließen, nach Durlach in die Residenz der Markgrafen zu ziehen. Die Durlacher schließen sich den protestierenden Bauern an. Bevor diese eintreffen, setzen sie ihren Amtmann ab und werfen ihn ins Gefängnis. Dann öffnen sie den Bauern die Tore und bewirten sie mit Speis und Trank aus den markgräflichen Kellern. Anschließend macht sich der Protestzug in das benachbarte *Gottesaue* auf. Das über 400 Jahre alte Benediktinerkloster wird geplündert und angezündet. Nun befürchtet der Markgraf das Schlimmste. Um Zeit zu gewinnen und die Bauern zu beschwichtigen, schickt er Unterhändler ins Bauernlager. Die leisten ganze Arbeit. Ihre Beschwerden sollen die Bauern schriftlich vorlegen. Die Missstände sollten dann baldmöglichst behoben werden. Wenn sie nun friedlich nach Hause gingen, würde ihnen nichts geschehen, keine Strafverfolgung. Die Bauern feiern ihren Erfolg als Sieg und machen sich nach Ostern auf den Heimweg.

Aber der Markgraf hält nicht Wort. In der Woche nach Ostern schickt er seine Reiter zu einer Strafexpedition nach Berghausen, wo der Aufstand begonnen hat. Im Dorf brennt es lichterloh. Das soll die Bauern in weitem Umkreis einschüchtern. Doch der Markgraf hat sich geirrt. Erneut sammeln sich die badischen Bauern und erhalten Verstärkung von den Aufständischen des Hochstifts Speyer, die am 23. April Bruchsal eingenommen haben. Philipp von Baden versucht nun wieder mit Verhandlungen und Verträgen zu beschwichtigen. So schließt er mit den Bauern der Ortenau noch am 25. Mai auf dem Tag zu Renchen einen Vertrag, der sich an den Zwölf Artikeln orientiert und unter anderem festsetzt: Mitwirkung der Gemeinde bei der Einsetzung und Abwahl eines Pfarrers, Aufhebung des kleinen Zehnten, freie Eheschließung und das Recht auszuwandern sowie die Beschränkung der Frondienste auf vier Tage im Jahr.

Markgraf Philipp I. von Baden auf der Votivtafel seines Vaters, des Markgrafen Christoph I. (Detailansicht), Hans Baldung Grien, um 1510, Staatliche Kunsthalle Karlsruhe.

Der Bischof von Speyer verhandelt mit den Bauern

Um den 20. April 1525 sammeln sich auf dem Letzenberg bei Malsch Bauern der Umgebung, um für die göttliche Gerechtigkeit, das Evangelium und die Zwölf Artikel zu kämpfen. Am Abend dringen sie in den Weinkeller des Domkapitels in Malsch ein und trinken auf die Freiheit.

Bischof Georg von Speyer und sein Bruder, der Pfälzer Kurfürst Ludwig V., schicken ein Heer zum Bauernlager auf dem Letzenberg. Doch ein großer Teil des Fußvolks läuft zu den Bauern über, und die Reiter müssen wieder abziehen. Am Sonntag, dem 23. April, setzt sich das Bauernheer in Marsch und erobert die Schlösser Kislau, Rotenberg und Obergrombach, während Bischof Georg zu seinem Bruder nach Heidelberg flieht. Am Abend des 23. April wird Bruchsal eingenommen. Dann ziehen die Bauern Richtung Durlach, um sich mit den markgräflich-badischen Bauern zu vereinen. Durlach wird besetzt, anschließend Kloster Gottesaue zerstört. Die Städte Ettlingen und Baden-Baden werden in die Bruderschaft der Bauern aufgenommen. Wenige Tage später fallen die Klöster Frauenalb und Herrenalb in die Hände der Bauern.

Nun macht sich Bischof Georg persönlich ins Bauernlager auf. Am 28. April erreicht er das zerstörte Kloster Herrenalb. Dort übernachtet er *auf der Erde im Stroh*. Zwei Tage später beginnen die Verhandlungen. Bernhard Göler von Ravensburg soll sie führen. Er zählt zu den wenigen Adeligen, die in ihren Dörfern bereits die Reformation durchgeführt haben, und genießt Respekt unter den Bauern. Diese erklären sich bereit, den Bischof als ihren weltlichen Herrn anzuerkennen, wenn dieser auf die Zwölf Artikel schwört. Der Bischof solle *ein weyb nehmen*. Sollte er aber *nit weltlich will werden und Kinder machen*, so wollten sie nach seinem Tod Pfälzer Untertanen werden. Am 5. Mai schließen beide Seiten in Udenheim einen Vertrag: Der Bischof wird als Herr akzeptiert, und im ganzen Bistum wird evangelisch gepredigt. Die Geistlichkeit wird entmachtet, erhält aber Schutzbriefe, dass sie sich mit den Bauern geeinigt habe. Dafür liefert sie dem Bauernregiment Proviant. Im Vertrauen auf den Bischof löst sich der Bauernhaufen am 8. Mai auf. Doch am 23. Mai schickt Kurfürst Ludwig V. ein Heer nach Süden, lässt die Bauern zwischen Malsch und Bruchsal niedermachen, die Dörfer plündern und zerstören und das Bauernregiment in den Städten auseinanderjagen. Gleichzeitig rückt das Heer des Schwäbischen Bundes in den Kraichgau ein. Und beendet dort den Aufruhr. Die aufgegriffenen Bauernführer werden sofort hingerichtet. In Fürfeld vereinigen sich am 28. Mai die Heere des Kurfürsten und des Schwäbischen Bundes, um gemeinsam Richtung Würzburg zu ziehen.

Der Bischof von Speyer zieht nach Herrenalb, um mit den Bauern zu verhandeln.

Die Besetzung Freiburgs

Der Schwarzwälder Haufen unter Hans Müller von Bulgenbach zieht Mitte Mai auf Freiburg zu. Mit den Bauernhaufen im Breisgau und im Markgräflerland hat er vereinbart, vor der Stadt zusammenzutreffen. Markgraf Ernst von Baden, der Bruder von Markgraf Philipp, ist mit seiner Familie nach Freiburg geflohen und bietet den Bauern Erleichterungen an.

Die Vorschläge, Abgaben und Frondienste zu mindern, lehnen die Bauern ab. Der Markgraf habe ihnen nichts mehr zu sagen. Sie wollen nur dem Kaiser gehorchen. Auf die Zwölf Artikel hätten sie geschworen. Sie erobern die markgräflich badischen Schlösser Rötteln und Sausenberg und vereinigen sich in Heitersheim mit dem Haufen vom Kaiserstuhl. In Freiburg, der Hauptstadt der vorderösterreichischen Lande, rüstet man derweil hektisch zu. Die eigenen Landsknechte sind Villingen, Laufenburg und Säckingen zu Hilfe geschickt worden. Bürger, Studenten, Adelige und sogar Geistliche werden zu den Waffen verpflichtet. Die Befestigungen müssen ausgebessert werden. Der verwundbarste Punkt ist der Schlossberg. Gelingt es den Bauern, diesen zu besetzen, können sie Freiburg von oben beschießen. Was sie denn eigentlich hier wollten, lassen die Freiburger durch einen Unterhändler anfragen. Hans Müller gibt ihm ein Schreiben mit: *Wir wollen, dass das Gotteswort dem gemeinen Manne verkündet und demselben nachgekommen werde, und begehren freundlich an euch, ihr wollet euch zu uns in unsere Bruderschaft verbinden, um brüderliche Liebe zu machen mit einem ewigen Frieden und das göttliche Recht zu handhaben.* Die Stadt zögert mit einer Antwort, versucht Zeit zu gewinnen. Doch inzwischen rückt auch der Breisgauer Haufen an. Die Bauern besetzen den Johannisberg und graben der Stadt das Wasser der Dreisam ab, das die Freiburger Brunnen speist, dann nehmen sie im Handstreich den Schlossberg ein und beginnen mit dem Beschuss. Der Münsterturm wird getroffen, viele Häuser brennen. Adelige versuchen einen Ausfall. Der wird zurückgeschlagen. Da bittet Freiburg um Waffenstillstand, und am Dienstag, dem 23. Mai, tritt die Stadt zu den Bauern über. Hans Müller nimmt den Bürgern den Eid auf die Bruderschaft ab. Sie müssen 3000 Gulden zahlen und dem Haufen eine eigene Mannschaft stellen. Österreichs Landeshoheit über die vorderösterreichischen Lande erkennen die Bauern ausdrücklich an. Aber der geistliche Besitz soll zwischen der Landschaft und der Stadt geteilt werden. Dies und alles Weitere wird auf künftige Beratungen vertagt. Dann ziehen die Bauern Richtung Breisach ab, das sich ebenfalls der christlichen Bruderschaft anschließt.

▲ Vom Freiburger Schlossberg aus beschießen die Bauern die Stadt.
▼ Freiburger Stadtplan von 1644 mit Burg auf dem Schlossberg..

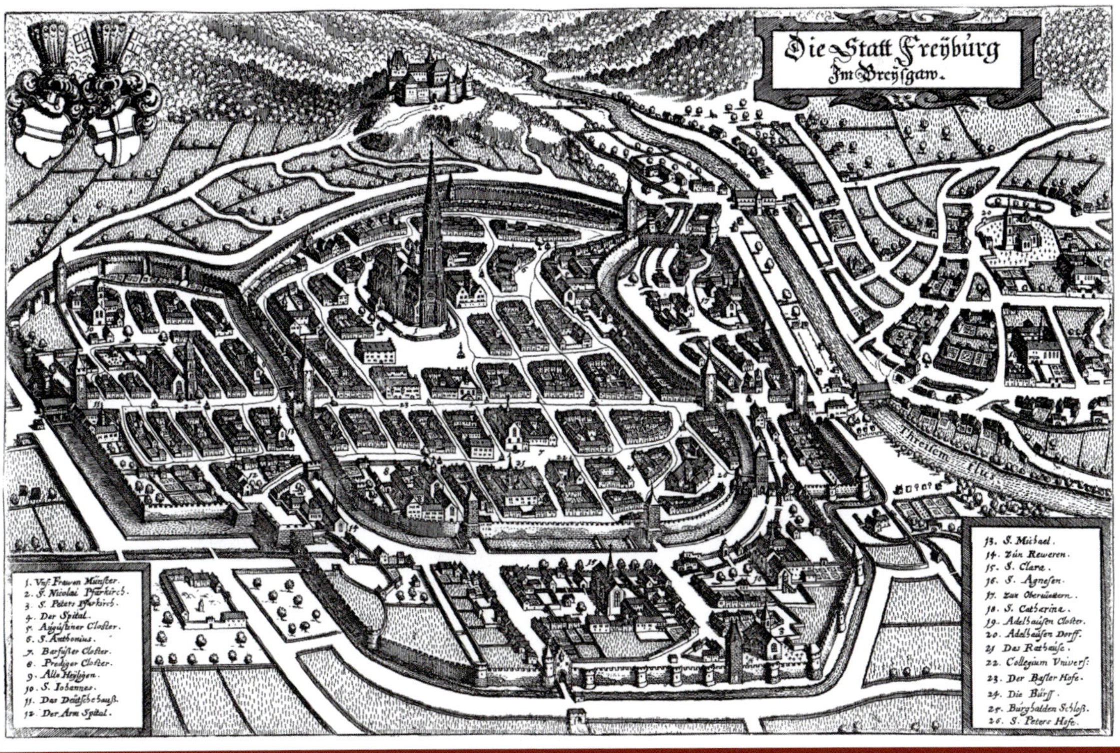
Die Statt Freÿbürg
Im Breÿsgaw.
1. Vns: Frawen Münster.
2. S. Nicolai Pfarkirch.
3. S. Peters Pfarkirch.
4. Der Spital.
5. Augustiner Closter.
6. S. Anthonius.
7. Barfüßer Closter.
8. Prediger Closter.
9. Alle Heyligen.
10. S. Iohannes.
11. Das Deütschehauß.
12. Der Arm Spital.
13. S. Michael.
14. Zun Reweren.
15. S. Clara.
16. S. Agnesen.
18. S. Catharina.
19. Adelhaüsen Closter.
20. Adelhaüsen Dorff.
21. Das Rathaüse.
22. Collegium Univers:
23. Der Basler Hofe.
24. Die Bürß.
25. Burghalden Schloß.
26. S. Peters Hofe.

V. HOHENLOHE, FRANKEN

Zusammentreffen im Kloster Schöntal

In Unterschüpf bei Boxberg sammeln sich am Sonntag *Laetare*, dem 26. März 1525, Untertanen des Mainzer Erzbischofs, des Kurfürsten von der Pfalz, der Herren von Hohenlohe, des Deutschen Ordens und des Bistums Würzburg. Auf eine Stange haben sie einen Bundschuh gesteckt.

Auf dem Marktplatz hören sie eine flammende Predigt über die neue *evangelische Bruderschaft*. Danach ziehen sie in das Wirtshaus *Zum heiligen Wein*, wie sie die Dorfschenke getauft haben. Wenig später sind im Schüpfergrund schon 4000 Bauern versammelt. Der zeitgenössische kurpfälzische Chronist Peter Harer schreibt: Es *erhob sich ein Zusammenrotten und Zusammenlaufen aus allen umliegenden Orten – ungestüm und in Haufen, wie die Bienen, die schwärmen.* Zu ihrem Hauptmann wählen sie den Gastwirt Jörg Metzler aus Ballenberg, einen weithin beliebten und angesehenen Mann, der mit Wendel Hipler in Verbindung steht, einem Juristen und früheren Kanzler der Hohenloher Grafen. Hipler hat mit hohenlohischen Bauern am 3. April die Amtsstadt Öhringen eingenommen. Deren Bürger sind mit dem unchristlichen Lebenswandel der Stiftsherren unzufrieden, ebenso mit ihrem Rat, dem sie Korruption vorwerfen. Hipler setzt einen Bürgerausschuss als Kontrolle des Rats ein. Dann trifft er sich im nahen Kloster Schöntal mit Metzler. Die Zisterzienserabtei ist zum Sammelort für die Bauernhaufen aus dem Odenwald, dem Hohenlohischen und Hällischen geworden. Abt Erhard Oeser hat zuvor die Zinsbücher nach Frankfurt in Sicherheit bringen lassen. Eigenleute des Klosters suchen sie bei der Plünderung vergeblich. In ihrer Wut wollen sie die Mönche töten, doch die Hauptleute Metzler und Hipler können das verhindern. Mit dem Abt vereinbaren sie, dass die Zisterzienser, mit Reisegeld versehen, Schöntal verlassen können. In Schöntal schließt sich auch Jäcklein Rohrbach, Bauernführer aus dem reichsstädtisch-heilbronnischen Dorf Böckingen, mit seinen Neckartälern dem *Hellen Haufen des Odenwalds und des Neckartals* an. Selbst Götz von Berlichingen trifft sich hier mit den Hauptleuten, die ihn zum Heerführer haben wollen, vertröstet sie aber auf einen späteren Zeitpunkt. Die Kämpfer des *Evangelischen Heeres* tragen auf ihrer Kleidung ein weißes Kreuz. Ihr Wappen ist eine Pflugschar, umgeben von zwei Heugabeln, dazu die Umschrift: *Gottes Wort bleibt in Ewigkeit.* Ihr erklärtes Ziel: *dem Wort Gottes und der Lehre Pauli Beistand und Folge zu tun und das Übel zu strafen und auszurotten unter Geistlichen und Weltlichen, Edlen und Unedlen.*

Kloster Schöntal an der Jagst.

Die Grafen von Hohenlohe schwören auf die Zwölf Artikel

Von Schöntal aus treten die Bauernhauptleute in Verhandlungen mit den Hohenloher Grafen. Diese antworten in einem Schreiben, die Zwölf Artikel, auf die sich die Bauern beriefen, seien von Theologen als unbegründet abgelehnt worden. Mit den Bürgern Öhringens wollten sie sich verständigen und ihre Untertanen wieder gnädig aufnehmen, wenn sie die Bruderschaft verließen.

Das lehnen die Bauern ab: *Die Zwölf Artikel und um was wir sonst geschrieben, sollen angenommen werden, dann sollen die Grafen Frieden haben bis zur Reformation, wo nicht, soll man des Papiers sparen.* Am Montag, dem 10. April 1525, machen sie sich zur Residenz der Grafen nach Neuenstein auf. Graf Albrecht und sein Bruder Georg ziehen es vor, nach Schloss Langenburg auszuweichen, das ihnen sicherer scheint. Das Bauernheer hat keine Mühe, sich des Städtchens Neuenstein und seines Schlosses zu bemächtigen. Dort finden sie Proviant und Gewehre und schreiben an die Grafen, sie sollen sich bei ihnen einstellen und einen Vertrag mit ihnen schließen, falls nicht, würden Stadt und Schloss den Flammen zum Opfer fallen. Da geben die beiden Grafen nach und erscheinen einen Tag später im Bauernlager zu Grünbühl zwischen Neuenstein und Waldenburg. Sie schlagen vor, ein Schiedsgericht solle über die Forderungen der Bauern entscheiden, und berufen sich auf einen Passus der Forderungen, dass die Bauern des *hellen lichten Haufens* dabei sein wollten, *wenn eine gemeine Reformation durch weltliche oder geistliche Obrigkeiten würde geordnet oder gemacht, die dem evangelischen Gesetz und dem Recht billig und gleichförmig wäre.* Eine solche müsse doch erst vorbereitet werden! Ihr Ziel ist es, Zeit zu gewinnen. Doch die Bauernhauptleute lassen sich nicht darauf ein. Sie verlangen nichts Geringeres als den Eintritt der Grafen in die *evangelische Bruderschaft des hellen lichten Haufens.* Einer von ihnen spricht sie direkt an: *Bruder Albrecht und Bruder Georg, kommet her und gelobet den Bauern, bei ihnen als Brüder zu bleiben und nichts wider sie zu tun. Denn ihr seid nimmer Herren, sondern Bauern, und wir sind Herren von Hohenlohe; und unseres ganzen Heeres Meinung ist, dass ihr auf unsere Zwölf Artikel, welche von Schöntal euch zugekommen, schwören und mit uns auf 101 Jahre zu halten euch unterschreiben sollt.* Da beugen sich die Grafen, leisten den Eid auf die Zwölf Artikel und unterschreiben die vorbereitete Urkunde. Jörg Metzler unterzeichnet sie für die Bauern. Das Bauernheer aber feiert den Erfolg mit 2000 Flintenschüssen. Der Vertrag von Grünbühl vom 11. April 1525 gilt als einer der größten Erfolge der Bauern.

Victor Schivert, Die Grafen von Hohenlohe müssen zum Bund der Bauern schwören, 1891.

Neckarsulm fällt an die Bauern

Jäcklein Rohrbach, Bauernführer aus Böckingen, zieht mit seiner Begleiterin Margarete Renner, genannt die *Schwarze Hofmännin*, von Flein über Binswangen und Erlenbach ins Hohenlohische, um sich den Odenwäldern anzuschließen. Dann macht er sich mit 400 Anhängern Richtung Löwenstein auf. Ziel ist das Zisterzienserinnenkloster Lichtenstern.

Am Gründonnerstag, dem 13. April 1525, rücken sie an. Die Nonnen haben das Kloster bereits verlassen und sind in ihren Pfleghof nach Heilbronn gezogen. Rohrbach und seine Schar plündern das Kloster gründlich, werfen die Öfen zu den Fenstern hinaus und brechen alle Türen auf. Dann versuchen sie, Feuer zu legen, was ihnen allerdings nicht gelingt, denn die Brandherde gehen immer wieder aus. Dann geht es nach Löwenstein hinauf. Die beiden Grafen Ludwig und Friedrich sollen gezwungen werden, in die Bruderschaft einzutreten. Doch die Grafen haben sich ebenfalls schon in Sicherheit gebracht. Ultimativ werden sie aufgefordert, sich im Bauernlager zu stellen. Tags darauf zieht der Bauernhaufen durch das Weinsberger Tal, wo sie regen Zulauf finden, Richtung Neckarsulm. Inzwischen trifft auch die Hauptmacht des Hellen Haufens im Weinsberger Tal ein, an die 6000 Mann, davon 3000 mit Büchsen bewaffnet. Vor der Deutschordensstadt Neckarsulm schlagen sie ihr Lager auf. Die Stadt ist nicht bereit, sich gegen die Übermacht der Bauern zu verteidigen, wie der zeitgenössische Chronist Peter Harer schreibt, *weil die inwohnenden Bürger gleicher Meinung mit ihnen waren*. Die Bauern bekamen *Wein, des die Teutschen Herren in guter Anzahl daselbst liegen hatten.*

Das Bauernheer war an Weinsberg vorbei nach Neckarsulm gezogen. Oben auf dem Weinsberger Schloss sitzt Graf Ludwig von Helfenstein, Obervogt über die württembergischen Burgen und Schlösser, mit etwa 70 Rittern und Knechten. Helfenstein fordert dringend Verstärkung aus Stuttgart. Inzwischen greift er, wo er kann, auf Streifzügen im Weinsberger Tal die Nachhut des Bauernheers an, was die Bauern umso mehr gegen ihn aufbringt. Den Bauern des Weinsberger Tales lässt er ausrichten, er zünde ihre Höfe an und *schicke ihnen Weiber und Kinder nach*, wenn sie das Bauernheer nicht verließen.

Noch am Abend des 14. April schicken die Bauernhauptleute von Neckarsulm ein Schreiben nach Weinsberg, adressiert an den Bürgermeister der Stadt und den Obervogt Helfenstein, und fordern sie auf, sich zu ergeben und sich den Bauern anzuschließen. Helfenstein antwortet in verächtlicher Weise. Er glaubt nicht daran, dass es die Bauern wagen, gegen die gut befestigte Stadt und das Schloss vorzugehen, und hofft auf Verstärkung aus Stuttgart.

▲ Kloster Lichtenstern. ▼ Deutschordensschloss Neckarsulm.

Weinsberger Blutostern

Graf Ludwig Helferich von Helfenstein, Obervogt aller vorderösterreichischen Besitzungen in Württemberg, ist der Schwiegersohn Kaiser Maximilians. Er hat erst vor wenigen Wochen einen Vorstoß Herzog Ulrichs mit Bauern aus dem Hegau nach Württemberg verhindert und ihn kurz vor Stuttgart besiegt. Sein Dienstsitz ist das Schloss in Weinsberg. Würden es die Bauern wagen, ihn anzugreifen?

Da sickern Gerüchte durch, dass ein Angriff unmittelbar bevorstehe, und tatsächlich: In der Frühe des 16. April 1525 – am heiligen Ostersonntag – marschiert eine Abteilung des Bauernheers unter Jäcklein Rohrbach von Neckarsulm bis vor die Tore Weinsbergs. Bei ihm ist Margarete Renner, die *Schwarze Hofmännin*. Sie hetzt die Bauern auf, mit Helfenstein abzurechnen. Unterhändler fordern die Übergabe der Stadt. Dietrich von Weiler, Vogt von Beilstein und Bottwar, verweigert jede Verhandlung und lässt sogar auf sie schießen, während Helfenstein demonstrativ die Ostermesse in der Johanneskirche besucht. Die Weinsberger Bürger machen sich zur Verteidigung der Stadt bereit und beziehen Stellung auf den Wehrgängen.

Gegen acht Uhr erscheint gegenüber der Burg, auf dem Schemelsberg, eine große Zahl bewaffneter Bauern und beginnt mit dem Angriff auf die schwach gesicherte Nordseite der Burg. Bereits eine Stunde später ist sie eingenommen, wird geplündert und in Brand gesteckt. Die Frau des Grafen Helfenstein und ihr dreijähriger Sohn werden festgenommen und auf einem Wagen nach Heilbronn gebracht. Darauf dringen die Bauern vor die beiden Stadttore im Osten und im Südwesten der Stadt und beginnen, sie mit Äxten aufzuhauen. Dabei werden sie von Bürgern von den Wehrgängen der Stadtmauern beschossen und mit Steinen beworfen. Gegen 9 Uhr 30 sind die Bauern in der Stadt. Graf Helfenstein, seine Ritter und Soldaten verbarrikadieren sich auf dem Turm der Johanneskirche, dann geben sie sich den nachstürmenden Bauern gefangen und werden auf eine Wiese vor dem unteren Tor geführt. Dort wird Graf Helfenstein mit dreizehn weiteren Adeligen nach Landsknechtsart hingerichtet. Nur Stunden später schreibt die Reichsstadt Heilbronn an die Regierung in Stuttgart: *Berichten wir traurig und mit herzlichem Mitleid, dass leider heute, am heiligen Ostertag um 10 Uhr, die Versammlung der ungehorsamen Bauern Stadt und Schloss Weinsberg gestürmt und erobert, unseren Gnädigen Herrn, den Grafen Ludwig von Helfenstein und andere zu vierzehnt durch die Spieße gejagt haben, außerdem Dietrich von Weiler vom Kirchturm hinuntergeworfen, und – Gott erbarme sich – die anderen Adeligen und Reiter erstochen haben. Was sie jetzt vorhaben, ist uns noch verborgen.*

▲ Fritz Neuhaus, Die Ermordung des Grafen Helfenstein, Historiengemälde 1879.
▼ Gräfin Helfenstein bittet die Bauernführer um das Leben ihres Mannes. Kupferstich von Matthäus Merian dem Älteren, um 1629.

Margarete Renner, die Schwarze Hofmännin

Sie ist die einzige namentlich bekannte weibliche Führungspersönlichkeit unter den aufständischen Bauern. In ihrem Heimatort Böckingen hat man ihr ein Denkmal gesetzt. Romane sind über sie geschrieben worden, in Bauernkriegsdramen tritt sie auf. Käthe Kollwitz hat sie 1902 im Zyklus *Bauernkrieg* eindrucksvoll gestaltet.

In ihrem Tagebuch erinnert sich die Kollwitz: *Damals las ich den Zimmermannschen Bauernkrieg.* Da wurde *von einer Bäuerin erzählt, die die Bauern angetrieben hat. Ich machte nun das große Blatt mit dem losbrechenden Bauernhaufen.* Neben Magdalena Scherer, der Handwerkerfrau aus Stuttgart, die sich lautstark für die Rückkehr des abgesetzten Herzogs Ulrich eingesetzt hat, kennt die Geschichtsschreibung nur Margarete Renner als aktive Teilnehmerin am Bauernkrieg. Den Bauernhauptmann Jäcklein Rohrbach fordert sie auf, *er soll seines Fürnehmens nit nachlassen,* bestärkt in ihren Reden vor den Bauern deren Siegeszuversicht und spendet ihnen den Segen: *Sie sollen keck ziehen, sie hab sie gesegnet, dass ihnen weder Spieß noch Hellebarden oder Büchsen nichts tun mögen.* Die Reichsstadt Heilbronn müsse ein Dorf werden wie Böckingen, kein Stein dürfe auf dem anderen bleiben. Auch nach der Vereinigung der Neckartäler mit den Odenwäldern ist sie im Hellen Haufen dabei. Als deren Führer Wendel Hipler, Götz von Berlichingen und Friedrich Weigandt die Reformforderungen der Amorbacher Erklärung verkünden, wirft sie ihnen Verrat vor und ruft ihre Anhänger dazu auf, diejenigen zu erstechen, die sie geschrieben hätten, allen voran den Heilbronner Notar Hans Berlin, der an ihrer Abfassung maßgeblich mitgewirkt hat. Er täte nichts anderes als *bescheyßen und betriegen.* Legendär ist ihre Teilnahme an der Bluttat von Weinsberg am 16. April 1525. So soll sie nach der Hinrichtung von Graf Helfenstein und den adeligen Amtsträgern in Weinsberg die Bauern aufgefordert haben, mit dem Fett der Getöteten ihre Schuhe und ihre Waffen zu schmieren.

Margarete Renner stammt aus einer alteingesessenen, gut situierten Böckinger Familie. Sie ist verheiratet mit Peter Albrecht, einem *Hofmann* – einem Gutspächter – aus Böckingen, der 1523 stirbt. In Böckingen wird sie deshalb die *schwarze Hofmännin* genannt. Als sie nach der Niederwerfung des Bauernkriegs für kurze Zeit in Heilbronn in Haft gerät, wendet sie sich an Jörg von Hirschhorn, ihren Leibherrn, der ihre Entlassung aus dem Gefängnis erwirkt. In einer Heilbronner Urkunde findet sich als Begründung dafür, ihr einziges Vergehen sei ein *unbehüteter Mund* gewesen. Zehn Jahre nach ihrer Freilassung starb sie eines natürlichen Todes.

Käthe Kollwitz, Losbruch, Kaltnadelradierung, Blatt 5 aus dem Zyklus »Bauernkrieg«, Käthe-Kollwitz-Museum Köln.

Martin Luther wettert gegen die Bauern

Wegen der spektakulären Hinrichtung des Grafen Helfenstein und seiner Ritter durch Jäcklein Rohrbach geraten die Hauptleute des Hellen Haufens in Streit. Darauf verlässt Rohrbach mit seinen Anhängern den Hellen Haufen und schließt sich dem württembergischen Haufen unter Matern Feuerbacher an. Martin Luther im fernen Wittenberg aber veröffentlicht am 6. Mai 1525 eine Streitschrift *Wider die Mordischen und Reubischen Rotten der Bauern.*

Bisher hat sich Luther zu den Freiheitsbewegungen der Bauern in Südwestdeutschland eher zurückhaltend geäußert. Nach der Weinsberger Bluttat aber hält er es für angebracht, sich in aller Form von ihren Gewalttaten zu distanzieren. Zu Unrecht würden sich die Bauern auf ihn berufen, und die Fürsten täten recht, wenn sie mit aller Gewalt gegen sie vorgingen. *Man soll sie zerschmeißen, würgen, stechen, heimlich und öffentlich, wer da kann, denn ein aufrührerischer Mensch, gleich als wenn man einen tollen Hund erschlagen muss, schlägst du nicht, so schlägt er dich und ein ganzes Land mit dir.* Die Aufstände der Bauern gegen ihre Herren seien Werke des Teufels.

Zuvor hat Luther auch Verständnis für viele Forderungen der Bauern gezeigt. In seiner Schrift *Ermahnung zum Frieden auf die zwölf Artikel der Bauernschaft in Schwaben* wies er die Fürsten zurecht und forderte sie zu maßvollem Handeln auf. Doch daran lässt er keinen Zweifel: Die Obrigkeit sei von Gott und ihr müsse der Christenmensch gehorchen, sonst sei seine Seele verloren. In diesem Sinn predigt Luther Anfang Mai in Eisleben von der *Leidensbereitschaft der Christen* und stößt bei seinen Zuhörern, die mehr auf Thomas Müntzer hören, auf Unverständnis und Widerstand. Im Gegensatz zu Müntzer geht Luther von der *Zwei-Reiche-Lehre* aus. Es gebe das Reich Gottes und die weltliche Obrigkeit. Zwei Jahre vor dem Bauernkrieg hat er die Schrift veröffentlicht: *Von weltlicher Obrigkeit, wie weit man ihr Gehorsam schuldig sei.* Der Christ müsse sich freiwillig der weltlichen Obrigkeit unterwerfen, dem Nächsten dienen und den Frieden in der Welt wahren, denn die weltliche Ordnung sei von Gott geschaffen. Nur vor Gott seien alle Menschen gleich und frei und allein der göttlichen Gnade unterworfen. Entschieden wendet sich Luther gegen den Reformator Thomas Müntzer, der an der Spitze der Bauern gegen die Herren kämpft und nach der Niederlage von Frankenhausen am 27. Mai 1525 grausam hingerichtet wird: Er sei der *Erzteufel von Mühlhausen.* In einer seiner Tischreden sagt Luther später: *Ich habe Müntzer getötet, der Tod liegt auf meinem Hals. Ich habe es aber deswegen getan, weil er meinen Christus töten wollte.*

Götz von Berlichingen, Martin Luther 1528, Gemälde von Lukas Cranach dem Älteren.

j5: GÖTZ BERLINGEN.47
IAXTHOUSEN.

Götz wird Hauptmann der Bauern

Noch in Weinsberg müssen die Löwensteiner Grafen auf die Zwölf Artikel schwören, Bauernkleider anlegen und das Bauernheer nach Heilbronn begleiten. Auch die Reichsstadt wird aufgefordert, sich der *Christlichen Bruderschaft* anzuschließen, andernfalls würden die Weinreben vor der Stadt abgeholzt.

Heilbronn öffnet den Bauern die Tore, schließt sich ihnen an und rüstet – wie gefordert – eine Mannschaft für sie aus. Am Abend sitzen die Löwensteiner Grafen in Heilbronn mitten unter den Bauern *also erschrocken, als ob sie tot wären.* Heilbronn bleibt besetzt. Das Gros des Heeres zieht aber Richtung Gundelsheim, um mit Götz von Berlichingen zu verhandeln. Die Deutschherren haben sich längst aus Horneck, ihrem Hauptsitz über Gundelsheim, zurückgezogen. Auch die Reichsstadt Wimpfen auf der anderen Neckarseite schließt sich den Bauern an.

Götz von Berlichingen fragt bei der kurpfälzischen Regierung in Heidelberg an, wie er sich verhalten soll. Den Antwortbrief, der Götz nach Heidelberg zitiert, unterschlägt seine Schwiegermutter – aus Angst vor den anrückenden Bauern. Dafür wirft sie Götz aus seiner Burg. Jetzt kann er nicht mehr nach Heidelberg ziehen, denn schon erscheint auf seiner Burg Hornberg eine Gesandtschaft des Hellen Haufens und fordert ihn zu einer vertraulichen Verhandlung ins Hauptquartier nach Gundelsheim. Als er dort vor dem Gasthof *Zum Güldenen Löwen* ankommt, tritt ihm Marx Stumpf von Schweinsberg in den Weg: *Du musst ihr Hauptmann werden.* In seiner Lebensbeschreibung erinnert sich Götz, was er dem Adelskollegen geantwortet hat: *Das thue der Teufel! Warum thust du es nit?* Götz befindet sich in einem Dilemma. *Urfehde* hat er schwören müssen, dass er sich auf seiner Burg Hornberg ruhig verhalten würde. Das war 1519 gewesen, als er vom Schwäbischen Bund gefangengenommen wurde, weil er zu seinem Herrn, Herzog Ulrich, gehalten hatte, als der schon in die Reichsacht gekommen und abgesetzt war. Er kann sich den Bauern nicht anschließen, ohne die Urfehde zu brechen. Das kümmert die Bauern wenig. Anderntags soll er im Bauernlager in Buchen erscheinen. Götz: *Nun, ich kam zum Haufen. Gott weiß, wie mir war. Da nahmen sie den Gaul beim Zaum und ich musst absitzen und zu ihnen in den Ring treten. Da redeten sie mit mir der Hauptmannschaft halber. Das schlug ich ihnen nun frei und gut ab.* Es nützt ihm nichts. Die Bauernführer brauchen ihn als erfahrenen Kriegsmann. Außerdem bedrängen ihn Adelige und einige Räte, die sich gezwungenermaßen im Bauernheer aufhalten, die Hauptmannschaft anzunehmen, um Schlimmeres zu verhindern. Schließlich nimmt Götz an – für eine Frist von einem Monat.

Götz von Berlichingen, Glasbild im Museum von Jagsthausen.

Die Amorbacher Erklärung

Sie gilt als fränkische Fassung der Zwölf Artikel. Verfasst wird sie Anfang Mai 1525, als der Helle Haufen in Kloster Amorbach im Odenwald Station macht, vom ehemaligen hohenlohischen Kanzler Wendel Hipler und dem Notar und Patrizier Hans Berlin. Auch Götz ist dabei. Als sie im Hellen Haufen bekannt wird, bricht ein Sturm der Entrüstung los.

Durch die Spieße soll man sie jagen, fordern radikale Bauern. Götz von Berlichingens Quartier wird geplündert, das mainzische Schloss Wildenberg gestürmt und niedergebrannt. Viel zu milde seien die Artikel ausgefallen: Der kleine Zehnt soll zwar wegfallen, ebenso Leibeigenschaft und ein Teil der Erbschaftssteuer, aber der große Zehnt soll weiterbezahlt werden. Zwar soll Jagd und Fischerei auf eigenem Besitz frei sein, aber Frondienste und Pachtzinsen sollen bestehen bleiben. Alle Untertanen sollen ihren vorgesetzten Obrigkeiten gehorsam sein. Geistliche Güter aber sollen von der weltlichen Obrigkeit zu treuen Händen übernommen werden. Plündern auf eigene Faust wird bei Leibesstrafe verboten.

Am 30. April hat der Helle Haufen das Benediktinerkloster Amorbach eingenommen und geplündert. Auch die Zinsbücher fallen in die Hände der Bauern und werden unter Freudengeheul verbrannt. Die Hauptleute nehmen sich Abt Jakob vor und fordern von ihm Geld für das *christliche Werk der Reformation.* Als der Abt behauptet, er habe gar kein Geld im Kloster, muss er die silbernen Trinkbecher des Konvents herausrücken. Später erinnert er sich: *Bat ich Junker Götzen fleißig, mir zur Zehrung den Becher zu lassen, schlug mich Junker Götz mit der eisernen Hand an meine Brust, sprechend: Lieber Abt, ihr habt lange genug aus silbernen Bechern getrunken.* Dann tröstet Götz den Abt: *Lieber Abt, seid wohlgemut, sehet nit so übel drein, bekümmert Euch nit, ich bin dreimal verdorben gewesen, aber dennoch hier.*

Götz hat noch im Bauernlager zu Buchen die Hauptleute vor dem Heer des Schwäbischen Bundes gewarnt, das von Süden heranzieht. Besser sei es, dem württembergischen Heer zu Hilfe zu eilen, statt nach Norden Richtung Würzburg zu marschieren. *Lasst uns den Feinden die Bäuch wenden und nit die Rücken!* Doch damit war er im Bauernring, der Vollversammlung des Heeres, nicht durchgekommen. Der Erfolg scheint ihr Recht zu geben, denn Graf Georg von Wertheim tritt am 5. Mai der christlichen Bruderschaft bei und führt nun im Bauernheer eine eigene Abteilung. Und in Miltenberg schließen die Bauern am 7. Mai einen Vertrag mit dem Erzbistum Mainz, das auf die Amorbacher Erklärung schwört, der Bruderschaft ebenfalls beitritt und eine Kriegsentschädigung von 15 000 Gulden zahlt.

Kloster Amorbach im Odenwald.

B
K
L

Das Bauernparlament in Heilbronn

Nach dem Beitritt des Erzbistums Mainz in die *Christliche Bruderschaft* der Bauern scheint ihr Sieg unabwendbar. Doch aus Oberschwaben kommen beunruhigende Nachrichten. Truchsess Georg von Waldburg hat die Bauernhaufen dort besiegt oder Verträge mit ihnen geschlossen. Jetzt rückt er nach Norden vor.

Wendel Hipler weiß, dass es höchste Zeit ist, die Aktionen in Südwestdeutschland zu koordinieren. Für den 12. Mai lädt er Gesandte der Bauernhaufen nach Heilbronn zu einem Bauernparlament ein. Sein Beratungsplan: Die Gesandten sollen sich gegenseitig über getroffene Vereinbarungen unterrichten, überlegen, wie man weiter vorgehen soll. Verordnungen und Artikel sollen verglichen und verbessert werden. Ein Punkt dabei ist, ob man mit dem sächsischen Kurfürsten, der die Reformation in seinem Land fördert, verhandeln soll. Friedrich der Weise hat kurz vor seinem Tod am 5. Mai 1525 Verständnis für die Forderungen der Bauern gezeigt und seinem Bruder und Nachfolger Johann geschrieben: *Vielleicht hat man den armen Leuten zu solchem Aufruhr Ursache gegeben. Will es Gott also haben, so wird es hinausgehen, dass der gemeine Mann regieren soll.* Auch Johann ist ein Anhänger der Reformation.

Für das Bauernparlament hat Friedrich Weigandt, kurmainzischer Rentamtmann und enger Mitarbeiter Hiplers, Grundlagen für eine Reichsverfassung zusammengestellt: *Gleichstellung von Arm und Reich vor dem Gesetz. Fürsten und Adel sind an Recht und Gerechtigkeit gebunden, Trennung von Staat und Kirche. Das Gerichtswesen soll eine klare Struktur bekommen, vom Dorfgericht bis zum obersten Reichsgericht. Währung, Maße und Gewichte sollen vereinheitlicht werden. Handelsgesellschaften mit Handelsmonopolen sollen aufgehoben, der Zinssatz für verliehenes Geld auf vier Prozent beschränkt werden.* Der deutsche Historiker Leopold von Ranke sah 1839 in diesen Plänen *Ideen einer Umwälzung von Grund aus, wie sie erst in der Französischen Revolution wieder zum Vorschein kommen.* Günther Franz beurteilt sie in seinem Standardwerk über den Bauernkrieg als den *einzigen geschlossenen Versuch, die Bauernbewegung zusammenzufassen und sie zum Aufbau eines neuen Reiches zu benutzen.*

Mitte Mai tritt das Bauernparlament im Schöntaler Hof in Heilbronn zusammen, mit Vertretern aus dem Kraichgau, aus Franken und Schwaben. Doch am Tag der Eröffnung trifft die Nachricht ein, dass das württembergische Bauernheer bei Böblingen gegen das Heer des Schwäbischen Bundes eine vernichtende Niederlage erlitten hat und Truchsess Georg von Waldburg auf Heilbronn zu marschiert. Die Gesandten verlassen den Bauerntag und eilen zurück zu ihren Haufen.

▲ Heilbronn, Aquarell um 1554. ▼ Schöntaler Hof, 1658, Stadtarchiv Heilbronn.

Florian Geyer und der Taubertäler Haufen

Er ist einer der bekanntesten Figuren der Bauernkriegszeit. Lieder werden über ihn gesungen, Gerhart Hauptmann hat ihn zum Helden eines Dramas gemacht, Wilhelm Blos, Schriftsteller und erster SPD-Staatspräsident des *Freien Volksstaats Württemberg*, hat über ihn geschrieben. Aber Nationalsozialisten wie Kommunisten haben sein Andenken für ihre Zwecke missbraucht.

Florian Geyer von Giebelstadt heißt er mit vollem Namen. Schon in jungen Jahren erbt er den väterlichen Besitz. Stammsitz ist die Burg Goldbach bei Igersheim. Mit dem Bischof von Würzburg steht der ehemalige Landsknechtsführer beim Schwäbischen Bund nicht gut, seit er wegen Zinsstreitigkeiten mit dem Stift Neumünster exkommuniziert ist. Das stört ihn wenig, auch nicht den Hochmeister des Deutschen Ordens, Albrecht von Brandenburg, der ihn als Diplomat beschäftigt – in geheimer Mission am polnischen und dänischen Königshof sowie bei Kaiser Karl V. in Brüssel. 1523 trifft er mit Luther in Wittenberg zusammen. Am 21. April 1525 taucht er beim Heer der Taubertäler auf: *Florian Geyer ist bei dem Haufen, so itzo bei Mergentheim gelegen, ein Hauptmann, hält sich für einen guten evangelischen Mann*, schreibt ein Zeitgenosse. Bauern rund um Mergentheim, aus Igersheim und Schäftersheim haben sich erhoben, auch die Bürger von Mergentheim selbst. Der Deutsche Orden soll zum Teufel gejagt und Mergentheim eine freie Reichsstadt werden. Der Rat der Stadt beschließt, eine Truppe von 100 Mann auszurüsten, die sich den Taubertälern anschließt. Auch von Grünsfeld, Lauda und Weikersheim rücken bewaffnete Bauern zum Bauernlager bei Schäftersheim. Aus freien Stücken und aus Überzeugung ist der dreiunddreißigjährige Florian Geyer im Bauernheer, als Mitglied im Bauernrat, Verhandlungsführer, aber auch an der Spitze seines von ihm finanzierten *Schwarzen Haufens*. Von Mergentheim aus verhandelt er mit Städten wie Tauberbischofsheim, um sie zum Anschluss zu bewegen. Seine Vision ist die Verknüpfung der Reformation mit einer politischen Reichsreform, die Bauern und Bürger an der Macht beteiligt und die immer größer werdende Macht der Landesfürsten einschränkt. Die neue evangelische Lehre soll die Grundlage einer neuen Verfassung sein. Darin ist er sich mit den gemäßigten Führern der Bauern einig. Am 6. Mai nimmt er mit seinen Leuten am Sturm auf Würzburg teil.

Tragisch ist sein Ende. Nach der Niederlage der Bauern wird er aus Rothenburg ausgewiesen, wo er sich zu Verhandlungen aufhält. Allein macht er sich auf den Heimweg. Im Gramschatzer Wald wird er Opfer eines Raubüberfalls. Niemand weiß, wo er begraben liegt.

Lovis Corinth, Porträt des Schauspielers Rudolf Rittner in der Rolle des Florian Geyer, 1906.

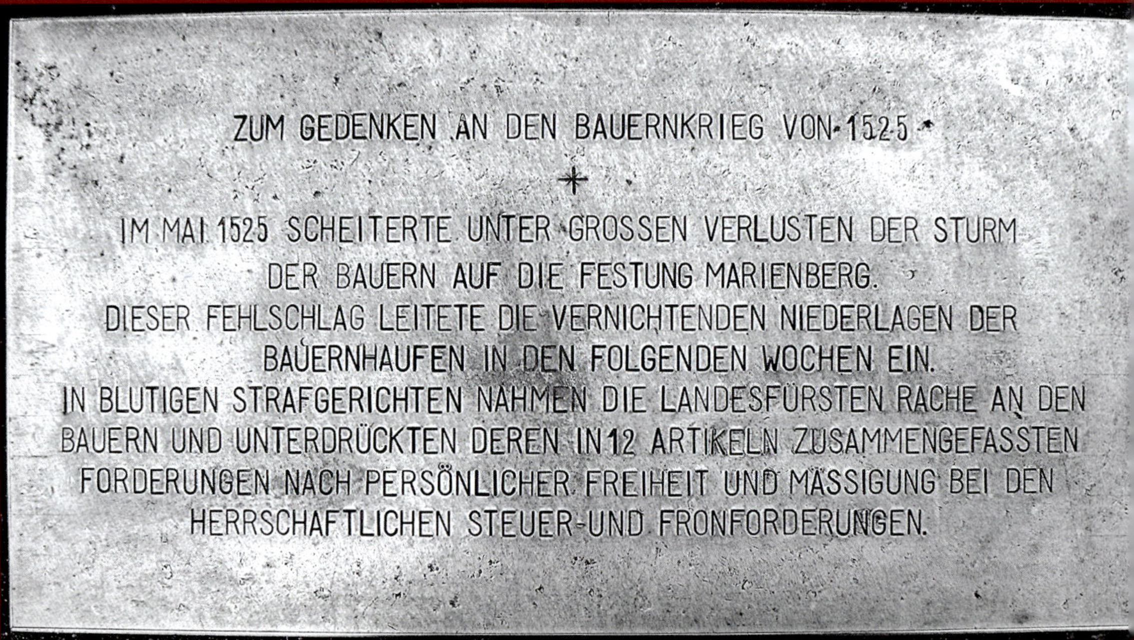
ZUM GEDENKEN AN DEN BAUERNKRIEG VON 1525
IM MAI 1525 SCHEITERTE UNTER GROSSEN VERLUSTEN DER STURM
DER BAUERN AUF DIE FESTUNG MARIENBERG.
DIESER FEHLSCHLAG LEITETE DIE VERNICHTENDEN NIEDERLAGEN DER
BAUERNHAUFEN IN DEN FOLGENDEN WOCHEN EIN.
IN BLUTIGEN STRAFGERICHTEN NAHMEN DIE LANDESFÜRSTEN RACHE AN DEN
BAUERN UND UNTERDRÜCKTEN DEREN IN 12 ARTIKELN ZUSAMMENGEFASSTEN
FORDERUNGEN NACH PERSÖNLICHER FREIHEIT UND MÄSSIGUNG BEI DEN
HERRSCHAFTLICHEN STEUER- UND FRONFORDERUNGEN.

Die Wende vor Würzburg

Anfang Mai wird es dem Würzburger Bischof Konrad von Thüngen zu gefährlich auf seiner Festung hoch über der Stadt. Auf die Bürger dort unten kann er sich nicht mehr verlassen. Zwei Bauernhaufen ziehen auf Würzburg zu, der Neckartal-Odenwälder Haufen und die Taubertäler.

In der Nacht vom 5. auf den 6. Mai 1525 verlässt der Bischof seine Residenz und schlägt sich über Boxberg und Mosbach nach Heidelberg zum Pfälzer Kurfürsten Ludwig V. durch. Einen Tag später lagert der Taubertäler Haufen mit Florian Geyer bei Heidingsfeld, der *Helle Haufen* mit Götz von Berlichingen und Graf Georg von Wertheim bei Höchberg, insgesamt an die 15 000 Bauern unter Waffen. Die Stadt denkt nicht an Widerstand. Florian Geyer reitet mit den anderen Bauernhauptleuten in die Stadt und nimmt sie nach kurzer Verhandlung in den Bund auf. Von der Besatzung der Festung auf dem Frauenberg fordern die Bauern: Das Schloss soll übergeben werden, die Herren in die Bruderschaft eintreten und auf die Zwölf Artikel schwören. Das wird abgelehnt, weshalb die Belagerung der Festung beginnt. Sie dauert einen Monat. Wertvolle Zeit geht verloren, während der die Kräfte des vereinigten fränkischen Bauernheers vor Würzburg gebunden sind und Truchsess Georg von Waldburg mit dem Heer des Schwäbischen Bundes von Süden heranrückt. Werden die Verteidiger auf dem Schloss durchhalten? Oben auf dem Frauenberg halten sich etwa 400 Menschen auf, Hofbeamte, Domherren, Priester, Mönche und Gesinde. Vielleicht die Hälfte ist wehrfähig. Doch die Vorräte an Wein, Lebensmitteln und Pulver sind reichlich.

Am 12. Mai verhandelt Graf Georg von Wertheim noch einmal mit der Besatzung des Schlosses – ohne Erfolg. Dann beginnt die Beschießung der Festung vom Nikolausberg aus und aus der Stadt, doch die Reichweite der Geschütze erweist sich als zu gering. Drei Tage später versuchen Götz von Berlichingen und Graf Georg von Wertheim das Schloss zu stürmen – halbherzig, denn Götz weiß seinen Bruder Philipp bei den Verteidigern, der Wertheimer Graf seinen Schwager Wolf von Castell. Hat Götz seinem Bruder den Sturm auf die Festung verraten?

Nach dem gescheiterten Sturm erdenkt man abenteuerliche Pläne: Der Schlossberg soll unterminiert werden, eine Bresche soll in die Verteidigungsmauern geschossen werden. In der Stadt beginnt man mit dem Guss einer Riesenkanone. Derweil rückt das Heer des Schwäbischen Bundes Richtung Würzburg vor. Am 28. Mai hat es sich mit dem Heer des Kurfürsten von der Pfalz und des Trierer Erzbischofs vereinigt. Es zählt etwa 8000 Mann zu Fuß und 2500 Reiter. Mit ihnen zieht auch der Würzburger Bischof Konrad von Thüngen.

▲ Festung Marienberg in Würzburg. ▼ Gedenktafel bei der Festung Marienberg.

Die Entscheidung bei Königshofen

Fürstenheere rücken auf Würzburg zu, aus Norden eine sächsische Streitmacht, aus Süden der Schwäbische Bund. Was tun? Weiter an der Eroberung der Festung Marienberg über Würzburg festhalten? Der Taubertäler Haufen ist dafür. Die Neckartäler sind dagegen.

Da verlassen die Neckartäler unter Götz von Berlichingen Würzburg, um die Heimat zu schützen, während die Taubertäler die Belagerung des Marienbergs fortsetzen. Götz von Berlichingen aber verlässt exakt nach einem Monat Hauptmannschaft, zu der er sich verpflichtet hat, klammheimlich das Bauernheer. Da Georg Metzler die Gefahr sieht, dass Truchsess Georg von Waldburg den Neckartälern die Verbindung nach Würzburg abschneiden könnte, zieht er sich nach Nordosten hinter die Tauber zurück. Bei Königshofen will er sich dem Heer des Schwäbischen Bundes stellen. Auf dem Turmberg wird eine Wagenburg aufgebaut, und an die 40 Geschütze werden in Stellung gebracht.

Gegen Abend des 2. Juni 1525 greift das Heer des Schwäbischen Bundes an. Reiter setzen über die Tauber, werden aber von einem derartigen Geschützfeuer empfangen, dass sie schleunigst umdrehen. Aber bald greifen die Reiter von der anderen Seite an, wo die Geschütze sie nicht treffen können. Damit haben die Bauern nicht gerechnet. Was dann geschieht, berichtet ein Chronist: *Die Hauptleut und Obristen hieben den Wagenpferden die Stränge ab, saßen auf und entronnen fast alle.* Darunter sind auch Wendel Hipler und Georg Metzler. Panik bricht im Bauernheer aus, und eine kopflose Flucht beginnt. Die Letzten ergeben sich nach erbittertem Widerstand in der Nacht. Um die 4000 Bauern verlieren ihr Leben, darunter fast alle waffenfähigen Männer aus Königshofen.

Einen Tag später wissen auch die Hauptleute der Bauern vor Würzburg Bescheid, versuchen die Niederlage zu vertuschen und rücken dem Truchsess entgegen. Dieser beginnt mit 5000 Mann bei Sulzdorf einen Überraschungsangriff. Wieder fliehen die Bauern und werden von den Landsknechten niedergemacht. Würzburg rüstet sich zur Verteidigung. Doch der Truchsess fordert die Stadt zur Übergabe auf und stellt harte Bedingungen: Bedingungslose Unterwerfung, Auslieferung der Verantwortlichen, zehn Gulden pro Haus und Ablieferung aller Waffen. Am 7. Juni ergibt sich die Stadt. Die Rädelsführer werden öffentlich hingerichtet, bauernfreundliche Ratsherren verhaftet, darunter der Bildhauer Tilman Riemenschneider. Bei der Folterung soll man ihm seine Hände gebrochen haben. Vierzehn Tage später geht der Würzburger Bischof mit 400 Soldaten auf eine Henkersreise durch sein Land und lässt noch einmal Hunderte Bauern, Pfarrer, Schultheißen und Sympathisanten hinrichten.

Verwitterter Bildstock bei Königshofen (Gerlachsheim) mit Inschrift auf dem Sockel: »Ruhestätte der Gefallenen im Bauernkrieg am 4. Juni 1525«.

ANNO DOMINI

VI. DIE NIEDERGE-WORFENE REVOLUTION

Das Gutachten der Reformatoren

Am 10. Mai 1525 nimmt Kurfürst Ludwig V. von der Pfalz eine Einladung zu einer persönlichen Verhandlung mit Pfälzer Bauerführern in Neustadt an. Er tafelt mit ihnen und verspricht einen Landtag. Zuvor bittet er die führenden Reformatoren Johannes Brenz und Philipp Melanchthon um ein Gutachten, ob die Forderungen der Bauern aus der Heiligen Schrift zu belegen seien.

Philipp Melanchthon stammt aus Bretten und ist Kurpfälzer. Johannes Brenz kennt er aus dessen Heidelberger Zeit, als der gerade mal Zwanzigjährige Chorherr an der Heidelberger Heiliggeistkirche und Rektor der Burse war und an der Universität Theologie und Sprachen lehrte, bevor er einem Ruf in die Reichsstadt Schwäbisch Hall folgte. Melanchthon ist Professor an der Wittenberger Universität und befreundet mit Martin Luther. An den Kurfürsten schreibt er: *Es wäre vonnöten, dass ein solch wild, ungezogenes Volk, als Teutsche sind, noch weniger Freiheit hätte, denn es hat.* Dann verweist er auf das Alte Testament: *Dem Pferd gehört eine Geißel, dem Esel ein Zaum, des Narren Rücken gehört eine Rute.* Brenz äußert sich bedächtiger und rät dem Kurfürsten zu einem Vergleich. Allerdings kommt er ebenfalls zu einer Ablehnung des Bauernaufstands. Wer Gott als höchste Autorität anerkenne, müsse der weltlichen Obrigkeit gehorchen. Zwar sei der Aufruhr bedingt durch das Fehlverhalten der Obrigkeit und einige Forderungen der Bauern seien durchaus berechtigt, doch der Untertan schulde der von Gott eingesetzten Obrigkeit prinzipiell Gehorsam, auch wenn er unter ihr leide. Der Christ könne nur mit *fleißigem, ernstlichen Gebet gegen Gott und mit willigem Gehorsam* um eine gerechte Obrigkeit bitten. Als sich die Niederlage der Bauern abzeichnet, verfasst Brenz eine Schrift: *Von der Milderung der Fürsten gegen den aufrührerischen Bauern.* Sie ist dem Kraichgauer Ritter Dietrich von Gemmingen gewidmet. Darin mahnt er die Fürsten, barmherzig zu sein und die Aufrührer zu begnadigen, denn nicht nur die Untertanen hätten gesündigt.

Kurfürst Ludwig zieht Melanchthons Urteil vor und rüstet auf. Er stellt ein Heer zusammen aus niederländischen Landsknechten und der Reiterei des Trierer Erzbischofs, das sich Ende Mai nach Süden in Marsch setzt. Anders reagieren Kraichgauer Ritter wie Dietrich von Gemmingen, die sich auf Landtagen 1525 und 1526 in Heidelberg für Milde aussprechen und für die freie Predigt des Evangeliums.

Brenz-Denkmal an der Stuttgarter Hospitalkirche.

Die Rache des Kurfürsten

Am 23. April 1525 fällt Bruchsal in die Hand der Bauern, und Bischof Georg von Speyer flieht aus der Stadt. Einen Monat später marschieren Soldaten des Pfälzer Kurfürsten Ludwig des Friedfertigen, eines Bruders des Bischofs, in die Stadt ein. Bereits drei Tage später müssen die Bruchsaler einen Unterwerfungsvertrag unterschreiben.

Die Stadttore müssen niedergerissen, alle Waffen der Bürger abgeliefert werden. Waffen dürfen sie künftig nur mit Zustimmung des Landesherrn erwerben. Bruchsal und die Ämter Udenheim, Rotenberg, Kislau und Grombach werden verpflichtet, innerhalb von drei Jahren 40 000 Goldgulden Strafe zu zahlen. Jeder Ort muss zwei Geiseln stellen, bis die Schuld abbezahlt ist. Falls die Raten nicht eingehen, hat der Landesherr das Recht zu pfänden. Alle Untertanen finden sich am 14. Juli vor der Stadt Bruchsal ein und leisten vor den Amtsleuten dem Bischof von Speyer einen neuen Huldigungseid. Die Untertanen der Ämter Udenheim, Kislau, Rotenberg und des Stifts Odenheim huldigen am gleichen Tag in Mingolsheim dem Bischof.

Am 5. Juni müssen sich die kurpfälzischen Städte Sinsheim, Eppingen, Heidelsheim und Hilsbach dem Kurfürsten *auf Gnade und Ungnade* unterwerfen und versprechen, *Zehenden, Zins, Renten, Gülten, Fron und ander Gehorsam zu leisten und tun, wie frommen Leuten gebührt und zusteht.* Außerdem müssen sie dem Schwäbischen Bund, dessen Heer in den Kraichgau eingefallen war, 1000 Gulden Kriegsentschädigung zahlen. Eppingen wird zudem für die Zerstörung der Burg Steinsberg verantwortlich gemacht und für den Wiederaufbau zu 5500 Gulden verpflichtet. Dazu müssen die Bürger dem Heer des Schwäbischen Bundes ihre Waffen und 1300 Schafe abliefern. Hart trifft es Gochsheim, wo sich der Kraichgauer Haufen gebildet hat. Sowohl Truchsess Georg von Waldburg als auch der Kurfürst wollen Kriegsentschädigung von der Stadt.

Kurfürst Ludwig hat bereits 1523 den Ritteraufstand von Franz von Sickingen niedergeschlagen, der eine Reichsreform und die Durchsetzung des evangelischen Glaubens zum Ziel hatte. Dennoch hat er für manche Forderungen der Bauern Verständnis gezeigt – wie für die Aufhebung der Leibeigenschaft – und mehrfach mit Bauernführern verhandelt. Er ist humanistisch gebildet, von dem Pforzheimer Gelehrten Johannes Reuchlin erzogen, und beginnt 1525 mit der Niederschrift eines schließlich zwölfbändigen Werkes über Medizin, das heute zu den Schätzen der Universitätsbibliothek Heidelberg gehört. Unnachgiebig geht er gegen die Wiedertäufer in seinem Land vor. 1529 lässt er 350 von ihnen ohne Gerichtsurteil hinrichten. Die Männer werden enthauptet, die Frauen ertränkt.

Kurfürst Ludwig V. von der Pfalz, genannt „der Friedfertige“, Statue am Heidelberger Schloss.

Todesurteil für eine Stadt

Was am Ostersonntag des Jahres 1525 in Weinsberg geschieht, schockiert auch viele Bauernführer und Reformatoren wie Martin Luther und Philipp Melanchthon, am meisten jedoch die Fürsten. Alle sind sich einig: So etwas darf nie wieder geschehen, und an Weinsberg muss deshalb ein Exempel statuiert werden.

Hauptverantwortlich für die Ermordung der Ritter ist zweifellos der Bauernführer Jäcklein Rohrbach. Mit diabolischem Vergnügen lässt er Graf Helfenstein und weitere Adelige durch die Spieße laufen und damit grausam töten. Offenbar sind die Hauptführer des Bauernheers nicht anwesend, denn sie machen Rohrbach nachträglich wegen seines eigenmächtigen Vorgehens schwere Vorwürfe, die dazu führen, dass dieser mit seinen Anhängern das Heer der Neckartäler und Odenwälder verlässt und sich dem württembergischen Haufen Matern Feuerbachers anschließt. Wäre es nicht besser gewesen, Helfenstein zum Eintritt in die Bruderschaft zu zwingen?

Und die Weinsberger Bürger? Sie betonen, dass sie an der Erstürmung von Burg und Stadt sowie an der Hinrichtung der Adeligen nicht beteiligt waren. Auch unter der Folter lässt sich kein belastendes Geständnis beibringen. Trotzdem wird die Stadt wegen der Ermordung der Adeligen vor ihren Toren schwer bestraft. In der Urfehde, die sie am 17. November 1525 unterzeichnen muss, heißt es: *Wir die Bürger von Weinsberg bekennen für uns alle, unsre Erben und Nachkommen öffentlich und tun kund, dass ein Hauf Bauern sich vor die Stadt Weinsberg getan, diese erobert und darin die wohlgeborenen Edlen getötet haben:* [… es folgt die Aufzählung der Namen], *weshalb ein merklicher Argwohn und Verdacht auf uns von Weinsberg gefallen, dass wir Mittäter seien, dazu Fürschub, Hilf, Rat und Zutun bewiesen haben sollen.* Mehr ist den Weinsberger Bürgern juristisch nicht nachzuweisen. Es genügt aber, um die Stadt quasi zum Tode zu verurteilen. Sie verliert die Stadtrechte, alle Einkünfte und alle bisherigen Freiheiten. Die Stadtmauer, Türme und Tore sollen abgerissen und alle Waffen abgeliefert werden. Weinsberg ist fortan ein Dorf und muss sich zusätzlich verpflichten, an jedem künftigen Jahrestag der Bluttat ein Amt und zehn Messen zum Gedächtnis der Verstorbenen lesen zu lassen sowie am Ort der Tat eine Sühnekapelle zu erbauen, mit einer Inschriftentafel aus Messing, auf der in vergoldeten Buchstaben die Namen der Ermordeten verzeichnet sein sollen, außerdem ein steinernes Kreuz aufzurichten.

Erst Jahrzehnte später, nach der Rückkehr Herzog Ulrichs und der Einführung der Reformation in Württemberg, erhält die Stadt Weinsberg schrittweise ihre Rechte wieder zurück.

▲ Die Weinsberger Burg Weibertreu wurde im Bauernkrieg zerstört.
▼ Zeichnung der Burg von Hans Baldung Grien, 1515.

Die Hinrichtung des Kirchenmalers

Jörg Ratgeb, angesehener Maler von Altarbildern, steht wie einige seiner Kollegen, zum Beispiel Albrecht Dürer und Tilman Riemenschneider, auf Seiten der Bauern und der Reformation. 1503 erwirbt er das Stuttgarter Bürgerrecht, arbeitet aber auch längere Zeit in Frankfurt, Mainz und Heilbronn. Als einige Stuttgarter Stadträte zusammen mit der Regierung die Stadt wegen des Bauernkriegs verlassen haben, wird er von den Stuttgarter Bürgern in den neuen Stadtrat gewählt.

Jörg Ratgeb stammt aus einer angesehenen Familie in Schwäbisch Gmünd und wird dort Mitglied der Malerzunft. Sein Hauptwerk als Kirchenmaler ist der Herrenberger Altar, zwischen 1518 und 1521 entstanden. In der Herrenberger Stiftskirche findet sich heute eine Kopie des Altars, das Original wird in der Staatsgalerie Stuttgart gezeigt.

1522 löst er seine Frankfurter Werkstatt auf und zieht wieder nach Stuttgart. Als die württembergischen Bauern unter Matern Feuerbacher Ende April 1525 Stuttgart besetzen, verhandelt er im Auftrag des Rats mit den Bauernführern und erklärt sich bereit, dem von den Bauern geforderten Kontingent Stuttgarter Bürger im Bauernheer beizutreten. Wenig später wechselt er ganz auf die Seite der Bauern über und wird Kriegsrat und Kanzler in deren evangelischer Bruderschaft. Er versucht, zwischen den Bauern und den Adeligen zu vermitteln, nimmt Kontakt zu Herzog Ulrich von Württemberg auf, der nur darauf wartet, sein Land zu übernehmen und die österreichische Besatzung aus Württemberg zu vertreiben. Auch mit Truchsess Georg von Waldburg verhandelt er. Der ist im Anmarsch und will Zeit gewinnen, um die Entscheidungsschlacht bei Böblingen vorzubereiten. Nach Waldburgs Sieg über die Bauern am 12. Mai 1525 beginnt die Hatz nach den Bauernführern. Ratgeb gelingt zunächst die Flucht, doch wird er verraten, aufgegriffen und *des Bauernkriegs und Herzog Ulrichs halber* zu einem grausamen Tod verurteilt:

Urteil und Beschluss des Hohen Gerichts der Stadt Pforzheim: Der Maler Jörg Ratgeb wird wegen Hochverrats, Landesverrats und Landfriedensbruchs, welcher Verbrechen er sich während des Aufruhrs der Bauern im 1525er Jahr hat zuschulden kommen lassen, zum Tod durch die Vierteilung verurteilt, wie es die Kaiserliche Halsgerichtsordnung vorsieht. Morgen früh, zur achten Stunde soll er auf den Marktplatz geschleift und dort öffentlich gevierteilt werden. Seine leiblichen Reste werden alsdann an vier Wegstraßen aufgesteckt und dem Volk als Warnung zur Schau gestellt. Alle Bürger und Stadtleute sind aufgefordert, der gerechten Bestrafung des Aufrührers beizuwohnen. Gegeben zu Pforzheim im Jahre des Herrn 1526.

Lothar Hudy, Jörg Ratgeb – Freiheit 2014, Skulpturenpfad Böblingen.

HAIDELBERGA.
Neccar
Fluvius

Wendel Hipler untergetaucht

Bis zuletzt hält sich Hipler im Bauernheer auf. Man findet seinen Mantel auf dem Schlachtfeld von Königshofen. Zuvor hat Hipler in aller Eile in einem Schuppen einen Sack voll Briefe und Dokumente versteckt – die Reste der Bauernkanzlei. Ein Bauer aus Scheppach findet sie, nimmt sie mit und übergibt sie den Hohenloher Grafen.

Diese setzen alles dran, die Gerichte davon zu überzeugen, dass sie sich nur gezwungenermaßen den Bauern angeschlossen hätten. Es gelingt ihnen ebenso wie Graf Georg II. von Wertheim, der sogar als Hauptmann der Bauern gewirkt hat. Schließlich ist auch das Erzbistum Mainz der christlichen Bruderschaft der Bauern beigetreten. Wendel Hipler aber, der politische Kopf der fränkischen Bauernbewegung, zieht sich in die Reichsstadt Rottweil zurück und bereitet von dort seine anstehende Verteidigung vor. Hier fühlt sich der studierte Jurist sicher. Die Stadt ist *zugewandter Ort der Schweizer Eidgenossenschaft* und hat ihre besondere Beziehung zu ihr eben erst in einem *ewigen Bund* bestätigt. Hipler schreibt aus Rottweil Briefe an Reichsstädte, an Götz von Berlichingen und an die Löwensteiner Grafen. Zu seiner Rolle im Bauernkrieg bekennt er sich durchaus, versucht sie aber in einem positiven Licht darzustellen. Durch ihn habe *niemand Schaden, aber einige großen Nutzen* gehabt. Wegen früherer Auseinandersetzungen um Besitzrechte reicht er sogar eine Klage gegen die Grafen von Hohenlohe ein.

Schließlich wagt er sich aus seinem Rückzugsort heraus. Im Jahr 1526 soll er *mit verstellter Nase und Kleidung* auf dem Reichstag zu Speyer aufgetaucht sein. Doch im pfälzischen Neustadt fällt er den Häschern des Kurfürsten Ludwig V. in die Hände und wird im Heidelberger Schloss eingesperrt. Dort soll ihm der Prozess gemacht werden. Hipler wird in ritterlicher Haft gehalten. Der Deutschordenskanzler Balthasar Dörlein schreibt am 9. September 1526, Hipler wolle sich nicht foltern lassen und sage auf alle Fragen die Wahrheit. *Wird nit jedermann gefallen.* Er werde *nit hart gehalten, sondern in einem guten Gemach.* Noch 1542 erinnert sich ein Hohenloher Jurist: *Wenn er auch in einem schönen Saal fänglich gelegen* habe und derselbe Saal *mit seidenen Tüchern belegt umhangen* gewesen sei, so sei Hipler doch ein Rebell gewesen. Im September 1526 ist der Sechzigjährige im Heidelberger Schloss eines natürlichen, nach einer Neustadter Quelle aber eines gewaltsamen Todes gestorben. Der Landeskundler Carlheinz Gräter schreibt dazu: *Schließlich kannte der alte Fuchs die schwankende Haltung vieler Adeliger und mancher Fürsten zu Beginn des Bauernkriegs sehr genau.* In seinem Prozess wäre das wohl zur Sprache gekommen.

▲ Im Heidelberger Schloss saß Wendel Hipler bis zu seinem Tod gefangen.
▼ Merian-Stich der Stadt von 1620.

Kaiser Karl V. belohnt Überlingen für seine Treue

In seiner kaiserlichen Residenz im spanischen Burgos unterzeichnet Kaiser Karl V. am 3. Februar 1528 eine Urkunde für die Reichsstadt Überlingen, nach der die Stadt von nun an ein aufgebessertes Wappen als Zeichen der kaiserlichen Anerkennung für ihre vorbildliche Haltung während des Bauernkriegs führen darf. In den Brustschild des Reichsadlers setzt der Kaiser einen roten habsburgischen Löwen mit goldener Krone ein.

Die Überlinger sind stolz auf das neue Wappen. Bis heute. Als 1983 der Platz vor dem Rathaus neu gestaltet wird, soll der alte Ratsbrunnen aus dem Jahr 1553 wiedererstehen. In diesem Jahr hat die Reichsstadt gegenüber dem Rathaus ein Eckhaus erworben und abreißen lassen, um Platz für den Ratsbrunnen zu schaffen. Da lebte Karl V. noch. Fast 300 Jahre später ist der Brunnen abgebaut worden und verschwand – für einen Tiefbrunnen im Rahmen einer neuen Wasserversorgung. Doch 1983 erinnert man sich an die alte Brunnenfigur des Kaisers im Städtischen Museum. Sie zeigt ihn in Lebensgröße und in voller Rüstung, mit Reichskrone und Goldenem Vlies. In der Rechten hält er ein Schwert, in der Linken den Wappenschild der Reichsstadt, bereits mit dem habsburgischen gekrönten Löwen im Brustschild des Reichsadlers und extra farblich gefasst. Doch entscheidet man sich lieber für eine originalgetreue Kopie.

Die Szene der Wappenverleihung lässt Überlingen um das Jahr 1700 auch auf eine Tür zum Vorraum des Rathaussaales malen. Außerdem ist das Wappen von 1528 in ein Rathausfenster eingelassen. Es ist ebenfalls eine Kopie, denn die ursprüngliche Glasmalerei aus dem Jahr der Wappenverleihung ist sehr kostbar und wird im Germanischen Nationalmuseum in Nürnberg aufbewahrt. Rechts und links finden sich auf dem bleigefassten Glasbild Szenen aus der Bauernkriegszeit: aufmarschierte Soldaten, ein Pilgerzug und ein Bauer neben einem Geschütz.

Überlingen bleibt im Bauernkrieg unversehrt. Die Stadt ist von ihren Mauern, Gräben und Tortürmen derart gut geschützt, dass die Bauern keinen Versuch wagen, sie zu stürmen. Dagegen tritt die Stadt bereits im Herbst 1524 erfolgreich als Vermittlerin auf. Den Hegauern rät Überlingen, ihre Beschwerden bei Gericht einzureichen und wieder heimzuziehen. Die Forderungen der Stühlinger Bauern will sie selbst mit einem Schiedsgericht prüfen. Bürgermeister Jakob Kessenring zieht mit einem Aufgebot schließlich sogar persönlich gegen ein Bauernheer aus. Überlingen, das im Bodenseeraum einen bedeutenden Getreidehandel betreibt, hat von seiner überlegten und kaisertreuen Haltung profitiert und erhält lukrative Privilegien.

Kaiserbrunnen Überlingen: Karl V. mit gebessertem Überlinger Wappen.

Götz von Berlichingen vor Gericht

Seine Freunde haben ihm zugeraten, die Hauptmannschaft der Bauern anzunehmen, um Schlimmeres zu verhindern. Anfangs spielt er auch mit dem Gedanken, Vorteile für sich herauszuschlagen. Dann kommt es in Weinsberg zur grausamen Hinrichtung von Graf Helfenstein und seinen Rittern. Da wird ihm klar, wie riskant sein Spiel ist. Und doch geht er auf Wendel Hiplers Zureden ein und erscheint im Bauernlager, um schließlich für vier Wochen zuzusagen.

Es ist so gekommen, wie er es befürchtet hat. Gegen das vereinte Heer des Schwäbischen Bundes und des pfälzischen Kurfürsten haben die Bauern keine Chance. Götz lässt sich vom Bauernrat schriftlich bestätigen, dass er nur unter Zwang die militärische Führung übernommen hat. Graf Georg von Wertheim bescheinigt ihm, dass er *mit treuen Fleiß* Unheil von der Obrigkeit abgewendet habe. Als seine vierwöchige Frist um ist, liefert er sich einem Offizier des Schwäbischen Bundes aus, der ihn heim auf den Hornberg reiten lässt. Dort schreibt Götz Rechtfertigungsbriefe an den Schwäbischen Bund. Der Bauern *Narr und Hauptmann* sei er gewesen und habe sich täglich für die gute Sache der Fürsten aufgeopfert. Tatsächlich lässt das Reichskammergericht eine Anklage auf Landfriedensbruch fallen. Götz schöpft Hoffnung und wagt sich wieder aus seiner Burg Hornberg heraus. Am 7. Mai 1528, drei Jahre nach seiner Hauptmannschaft, macht er in Blaufelden, im Gasthaus zum Hirschen Station – und trifft auf einen Hauptmann des Schwäbischen Bundes, Jörg von Eisesheim, der ihn gleich verhaften will. Doch die Blaufelder Bauern verhindern das. Wochen später trifft auf dem Hornberg die Vorladung zu einer Verhandlung in Augsburg ein. Götz stellt sich und wandert für bange Monate in den Turm des Heiligkreuztors. Schließlich hält er es nicht mehr aus. Ein Augsburger Chronist: *Gottfried von Berlichingen ist am Morgen früh in einem Hemd und Wams aus dem Turm entrunnen und hat nit gewusst, wo naus, und ist in einer armen Witwen, einer Weberin Haus kommen, die hat ihn verborgen. Da hat man ihn gesucht und zuletzt gefunden, da hat man ihn in noch härter Gefängnis gelegt.* Dann muss er dem Schwäbischen Bund Urfehde schwören: Kostenentschädigung für die Haft, Verzicht auf Rache, Schadensersatz. Außerdem darf er *Gezirk, Hofmark und Zehntbereich des Schlosses Hornberg* nicht verlassen, nie mehr ein Pferd besteigen und keine Nacht außerhalb seines eigenen Hauses verbringen. Erst nach 14 Jahren begnadigt ihn Kaiser Karl. Er braucht den alten Haudegen für seine Kriege gegen die Türken und die Franzosen. 1562 stirbt Götz *über etlich und achtzig Jahr alt* auf seiner Burg Hornberg.

Grabmal von Götz im Kloster Schöntal.

Dank des Deutschen Ordens

Kirchhausen, heute ein Stadtteil von Heilbronn, bleibt von den Folgen des Bauernkriegs verschont, im Gegenteil: Die Einwohner des Deutschordensdorfes profitierten sogar von der Niederwerfung der Bauern.

An der generellen Haltung des Deutschen Ordens gegenüber den Bauern lag es nicht, denn schon im August 1525 schickt er Soldaten vom Verwaltungssitz auf Schloss Horneck bei Gundelsheim in die Dörfer ihrer Ämter Scheuerberg, Stockheim und Horneck. Den Dörfern werden Geldbußen auferlegt, und sie müssen den Deutschherren neu huldigen. Die Untertanen müssen ihre Waffen abliefern, die Burg Stockheim wieder aufbauen, Entschädigungen zahlen, sie dürfen künftig nicht mehr ohne Erlaubnis zu einer Kirchweih mit Trommeln, Pfeifen und Fahnen ziehen und sollen die bäuerlichen Geräte wie Mistgabeln, Sensen oder Dreschflegel nur zu ihrer bäuerlichen Arbeit verwenden. Kirchhausen bleibt ausgenommen. Weshalb?

Als einziger Ort des Deutschen Ordens hat sich Kirchhausen nicht am Aufstand gegen die Herrschaft beteiligt. Angeblich deshalb, weil niemand im Ort schreiben und lesen konnte. Jäcklein Rohrbach soll die Kirchhausener nämlich schriftlich aufgefordert haben, sich seinem Bauernhaufen anzuschließen. Sollten die Kirchhausener tatsächlich nichts von den Erhebungen überall um sie herum gehört haben, selbst wenn niemand dort lesen konnte? Dass dieses ominöse Schreiben Rohrbachs unbeachtet blieb, hat vermutlich andere, handfestere Gründe. Kirchhausen gehörte seit vielen Jahrzehnten dem Deutschen Orden und galt als recht wohlhabend. Der Ort war einer der wichtigsten Getreidelieferanten des Deutschen Ordens am unteren Neckar. Ein Aufbegehren gegen die Herrschaft wäre bei den etwa 600 Einwohnern sicher nicht unumstritten gewesen. Sollte man die guten wirtschaftlichen Beziehungen zum Deutschen Orden aufs Spiel setzen?

Ausgezahlt hat sich jedenfalls die neutrale Haltung des Ortes. 1527 erlässt der Deutschmeister Walther von Cronberg den *Kirchhäuser Gnadenbrief*, der allen Kirchhausenern eine bevorzugte Behandlung verspricht. Jährlich erhalten sie an Weihnachten und Neujahr vier Gulden: *Diese vier Gulden sollen sie an den drei Fastnachtstagen mit ihren Weibern verzehren, sich fröhlich und ergötzlich machen im Angedenken der Ursache, um derentwillen ihnen solches geschieht.* Wer von Kirchhausen zum Deutschordensschloss Horneck kommt, wird dort kostenlos bewirtet und bevorzugt behandelt. Bei einer Hochzeit erhalten Braut und Bräutigam von der Herrschaft jeweils sechs Maß Wein, Eltern außerdem Taufwein, bei der Taufe eines Jungen sechs Maß, bei der Taufe eines Mädchens vier Maß. Beim Bau eines neuen Rathauses steuert der Deutsche Orden die Hälfte der Kosten für Baumaterial bei.

Deutschordensschloss in Kirchhausen.

ANNO DOMINI
1525

Dürers Gedächtnissäule

In der Nacht vom 7. auf den 8. Juni 1525 hat Albrecht Dürer einen schrecklichen Traum. Das Weltuntergangsszenario, wie es ihm erschienen ist, hält er in einem Aquarell fest.

Er schreibt dazu: *Wy fill großer Wasser vom Himell fillen, mit einem uber grossen Raüschen und Gesprützen und ertrenkett das gantz Lantt, mit einer solchen Geschwindigkeit, Wyt und Braüsen, dass ich also erschrak. Do ich erwacht, dass mir all mein Leichnam zittret und lang nit recht zu mir selbs kam. Aber do ich am Morgen aufstund, molete ich, wy ichs gesehen hett. Gott wende alle Ding zum besten.* Wenige Tage zuvor haben bei Königshofen und Sulzdorf Schlachten stattgefunden, bei denen Tausende Bauern ihr Leben verloren. Am 8. Juni gibt es in Würzburg Massenhinrichtungen. Im Sommer 1525 entwirft Dürer in einem Lehrbuch zur *Unterweisung der Messung* eine Gedenksäule für den Bauernkrieg. Ganz oben sitzt ein Bauer in trauernder Haltung. Ein Schwert steckt in seinem Rücken. Im Sockel der Säule findet sich eine Tafel mit der Aufschrift: ANNO DOMINI 1525. Daneben vermerkt Dürer sarkastisch: *Welcher ein Victoria aufrichten wollt, darum, dass er die aufrührerischen Bauern überwunden hat, der möchte sich eins solchen Gezeugs darzu gebrauchen.*

Wie viele Künstler und Intellektuellen der Zeit empfand Dürer Sympathie für die *Revolution des gemeinen Mannes* – und tiefe Enttäuschung und Trauer über deren Scheitern. Hunderttausend – das waren 10 bis 15 Prozent aller wehrfähigen Männer – verloren binnen weniger Wochen ihr Leben, so die Schätzung von Günther Franz. In den Aufstandsgebieten gibt es nach brutalen Strafexpeditionen harte Kollektivstrafen. Entschädigungszahlungen von um die zehn Gulden werden auf jedes Haus gelegt. Dass Kurfürst Ludwig V. von der Pfalz seine Soldaten anweist, *bei Leibesstrafe keinen Flecken, Hof oder Dorf zu verbrennen oder zu brandschatzen, keinen Keller noch Kiste aufzuschlagen oder zu plündern,* bleibt eher die Ausnahme. Er will verhindern, dass die Wirtschaftskraft seines Landes nicht allzu sehr geschädigt wird.

Das Resultat? Die Landesherren sind gestärkt. Die rechtliche Stellung der Bauern nach dem Bauernkrieg bessert sich zwar teilweise. Neue Untertanenverträge werden ausgehandelt, Dorfordnungen erlassen, und Rechtsverletzungen können vor den Gerichten eingeklagt werden. Für die demokratiegeschichtliche Entwicklung aber ist die Niederwerfung der Freiheitsbewegung ein herber Rückschlag. Und doch sind die formulierten Freiheitsforderungen, die Erklärungen und Verfassungsentwürfe, wie sie in der Zeit des Bauernkriegs entstanden sind, prägende Stationen auf dem Weg zu unserer heutigen Demokratie.

Albrecht Dürer, Entwurf einer Gedächtnissäule für den Bauernkrieg.

VITA

Ulrich Maier, Studiendirektor i. R., geboren in Karlsruhe, ist aufgewachsen in Heilbronn, studierte in Stuttgart Geschichte, Linguistik und Literaturwissenschaft und unterrichtete Deutsch und Geschichte am Justinus-Kerner-Gymnasium in Weinsberg. Bis zu seiner Pensionierung war er außerdem Landeskundebeauftragter des baden-württembergischen Kultusministeriums. Er ist Verfasser zahlreicher Sachbücher und historischer Romane zur baden-württembergischen Landesgeschichte.

IMPRESSUM

Sollte dieses Werk Links auf Webseiten Dritter enthalten, so machen wir uns die Inhalte nicht zu eigen und übernehmen für die Inhalte keine Haftung.

In diesem Buch wird aus Gründen der besseren Lesbarkeit das generische Maskulinum verwendet. Weibliche und anderweitige Geschlechteridentitäten werden dabei ausdrücklich mitgemeint, soweit es für die Aussage erforderlich ist.

2. Auflage 2025

Umschlaggestaltung: Chris Langohr, March.
Layout und Satz: Silke Schüler, Portimão.
Lektorat: Michael Raffel, Tübingen.

Printed in in Slovenia by Florjancic Tisk.

ISBN 978-3-8425-2451-4

Ihre Meinung ist wichtig für unsere Verlagsarbeit. Senden Sie uns Ihre Kritik und Anregungen unter **meinung@silberburg.de**

Besuchen Sie uns im Internet und entdecken Sie die Vielfalt unseres Verlagsprogramms: **www.silberburg.de**

BILDNACHWEIS

Ulrich Maier: S. 9, 10, 15, 19, 23, 27 o. und u., 32, 34, 50, 101, 112, 120;
Wikimedia Commons CC BY-SA 3.0: S. 5, 53: Andreas Praefcke; S. 6 o. und u.: Schörle; S. 16: Franzfoto; S. 42: Martin Egg; S. 45: Tilman2007; S. 61: Heidas; S. 65: Giftzwerg88; S. 66 u.: Stefan Karl; S. 74: Llez; S. 78, 82 o.: Rosenzweig; S. 102: Klaus Pfotenhauer; S. 106 o.: Harke; S. 110 o.: Pumuckel42; S. 113: Frank Vincentz.
Wikimedia Commons CC BY-SA 4.0: S. 9: ZUM-Wiki; S. 24: Buchstapler; S. 93, 117 u.: Roman Eisele; S. 66 o.: Mister XXXagain; S. 70: Muck; S. 82 u., 117 o.: Bildtechnik Braendle; S. 98 u.: Roland H. Hueb; S. 105: Nicola; S. 109: Kamahele; S. 114: Holger Uwe Schmitt; S. 118: hoch2wo.
S. 77: Pixabay. S. 94: Stadtarchiv Heilbronn.
Coverbilder: Hauptbild: Burg Hornberg, © Derzno, Wikimedia Commons, CC BY-SA 4.0; Einklinker v. li. nach re.: Schäftersheimer Bauernhaufen Weikersheim, © Schorle, Wikimedia Commons, CC BY-SA 3.0; Weinsberg 1578, von Hans Peter Eberlin; Verbrennung von Jäcklein Rohrbach 1525; Freisteller: Joß-Fritz-Brunnen Untergrombach, © Ulrich Maier; Hintergrundbild: Bundschuhfahne, Holzschnitt 1539, aus Petrarcas Trostspiegel.
Alle hier nicht aufgeführten Bilder sind gemeinfrei.